Glacier Express
Alles über den langsamsten Schnellzug der Welt

März 2013

Liebe Manuela

Ich wünsche Dir schöne erholsame Stunden
und viele Eindrücke mit dem "langsamsten Schnellzug
der Welt."

Vielen Dank für die letzten dreizehn gemeinsame
Arbeitsjahre in denen Du viele tolle, inspirierende
Weitersehen und immer eine sehr zuverlässige
Kollegin und Mitarbeiterin warst!

Ich hoffe das es möglich ist, dass wir wieder
in anderen neuen Aufgabenfelder zusammen
arbeiten werden.

Herzlichst
Klaus

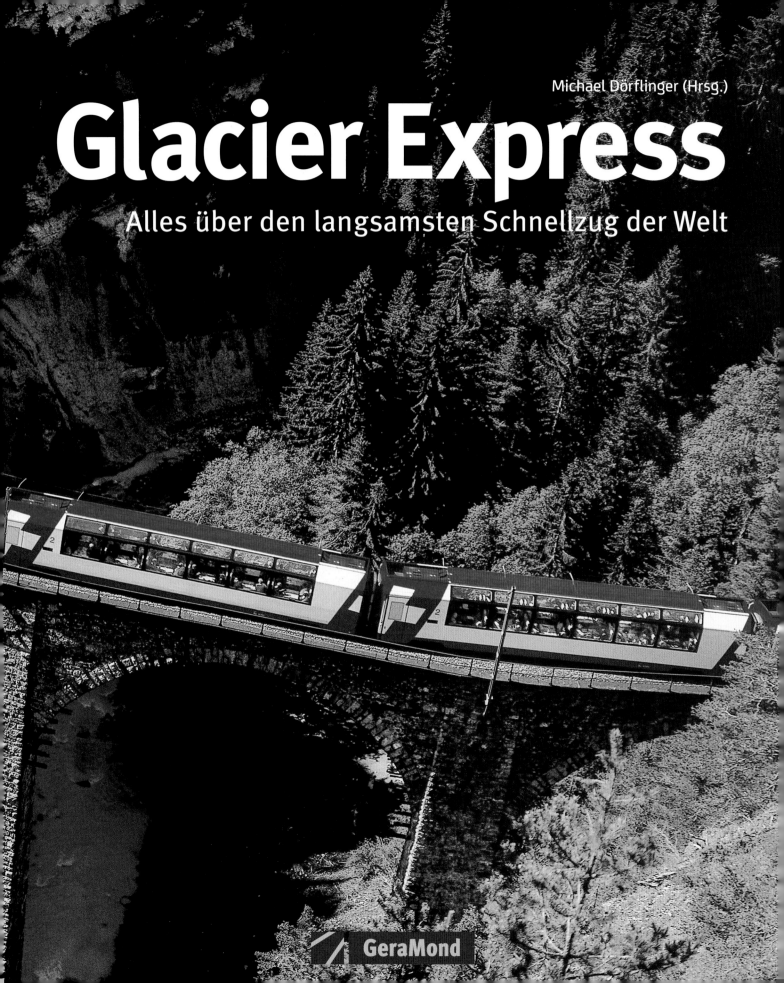

Michael Dörflinger (Hrsg.)

Glacier Express

Alles über den langsamsten Schnellzug der Welt

GeraMond

Danksagung

Dieser Band ist eine umfangreich überarbeitete und aktualisierte Neuausgabe des Buchklassikers „Der Glacier Express" von Ronald Gohl und Hans-Peter Schönborn.

Ein herzlicher Dank gilt der Matterhorn Gotthard Bahn und dem Archiv der Rhätischen Bahn sowie Bruno Hitz, Dietmar Beckmann und Christian Wenger für die phantastischen Fotos, die sie dieser Neuausgabe beigesteuert haben.

Augsburg im Juni 2012
Michael Dörflinger

Produktmanagement: Doreen Wolff
Korrektorat: Thilo Kreier, Blaichach
Repro: Cromika, Verona
Layoutentwicklung: VerlagsService Gaby Herbrecht, Mindelheim
Satz: Azurmedia, Augsburg
Covergestaltung: Jarzina Kommunikationsdesign, Holzkirchen unter Verwendung einer Abbildung der Matterhorn Gotthardbahn AG, CH-Brig
Herstellung: Anna Katavic
Printed in Italy by Printer Trento

Alle Angaben dieses Werkes wurden von den Autoren sorgfältig recherchiert und auf den aktuellen Stand gebracht sowie vom Verlag geprüft. Für die Richtigkeit der Angaben kann jedoch keine Haftung übernommen werden.
Für Hinweise und Anregungen sind wir jederzeit dankbar.
Bitte richten Sie diese an:

GeraMond Verlag – Lektorat
Postfach 40 02 09
D-80702 München
E-Mail: lektorat@verlagshaus.de

Die Deutsche Nationalbibliothek verzeichnet diese Publikation in der Deutschen Nationalbibliografie; detaillierte bibliografische Daten sind im Internet über http://dnb.d-nb.de abrufbar.

© 2012 GeraMond Verlag GmbH, München
ISBN 978-3-86245-154-8

Bildnachweis

Dietmar Beckmann	12, 18/19, 38/39, 44, 61, 112/113 unten, 127, 128, 129 oben, 129 Mitte
Beat Bruhin	20, 22/23
BVZ-Zermattbahn	8/9 unten Mitte, 11
André Dähler	55 links
Michael Dörflinger	26/27, 28
Slg. GeraMond Verlag	alle Karten, 35 oben, 47, 100/101, 123
Ronald Gohl	18, 24, 41 unten, 42, 43, 46 alle, 52, 53, 55 rechts, 57, 90 links, 92, 119, 120/121 oben, 121 beide, 129 unten, 130 alle, 131 oben, 131 Mitte, 133 unten, 134 oben
Vally Gohl	17, 21, 25, 29, 38, 45 rechts, 63 links, 88, 114, 134 Mitte
Roger Haueter	41 oben, 117
Bruno Hitz	7, 8/9 oben, 32 links oben, 45 links, 51, 56, 59 beide, 60, 63 , 72/73 rechts, 66/67, 69, 70, 81, 85, 103, 104/105 unten, 109, 111, 112/113 oben, 122/123, 125
Tibert Keller	35 unten, 87, 115 oben, 134 unten
Bernhard Kobler	93 oben, 98
Thomas Küstner	16/17, 37, 102
Kurverein Arosa	91 rechts
Matterhorn Gotthard Bahn	Vor- und Nachsatz kleines Bild, 5, 14, 31, 32 rechts unten, 33, 34, 36/37, 49, 50,51 oben, 62, 65, 66, 71, 133 und 134 alle Zeichnungen
Adrian Michael/Creative Commons 3.0	54
Rhätische Bahn	9 oben, 10, 89, 95, 96, 97 beide, 126/127 oben
Rhätische Bahn/Andrea Badrutt	15, 74/75, 80, 91 links, 104/105 oben, 104 unten links, 107 oben, 115, 116/117, 120/121 unten
Rhätische Bahn/Peter Donatsch	112 oben
Rhätische Bahn/Reinhard Fasching	9 rechts unten
Rhätische Bahn/Peter Fuchs	73, 113 unten
Rhätische Bahn/Marco Hoffmann	126/127 unten
Rhätische Bahn/Tibert Keller	75, 84, 86/87, 90 rechts, 93 unten, 108, 131 unten
Rhätische Bahn/MGB	8 links unten, 14/15
Rhätische Bahn/Christof Sonderegger	2/3,106
Hans-Bernhard Schönborn	23, 99, 132 beide Fotos
Schweiz Tourismus	69
SMLG. Lan	64 beide, 94 beide
Visp Tourismus	30. 32 links unten
Georg Wagner	13 beide, 77, 78/79
Christian Wenger	82/83, 107 unten

Streckenplan

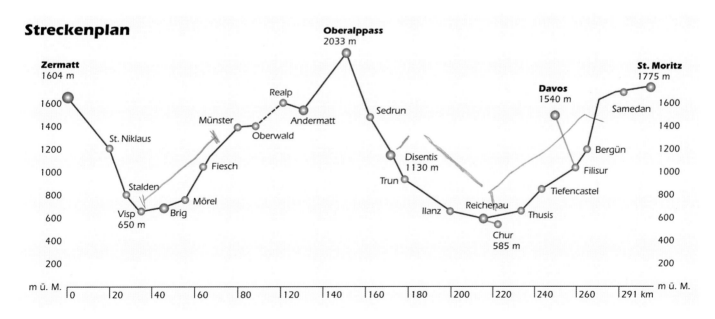

Der langsamste Schnellzug der Welt

Morgens gegen zehn Uhr am Bahnhof von Zermatt: Es herrscht ein aufgeregtes, gespanntes Treiben, denn für viele Eisenbahn- und Naturfreunde beginnt in Kürze ein unvergessliches Erlebnis. Sie besitzen ein Ticket für die Fahrt mit dem Glacier Express. Kaum ein Zug genießt heute weltweit einen so bedeutenden Ruf wie der legendäre Schweizer Luxuszug.

Worin besteht eigentlich das Faszinierende am »Glacier Express«, der in den vergangenen 78 Jahren Tausende von Fahrgästen aus aller Welt beförderte, millionenfach abgelichtet und auf zahllose Videos gebannt wurde? Sicherlich ist es die Tatsache, dass der Zug auf seiner 290 Kilometer langen Fahrt über 291 Brücken und durch 91 Tunnels die Meterspurstrecken von zwei Bahngesellschaften befährt und dass die Matterhorn Gotthard Bahn und die Rhätische Bahn (RhB) gemeinsam das Rollmaterial stellen. Ein weiteres Merkmal besteht darin, dass die Bahnen stets ihre modernsten Fahrzeuge einsetzen: In den Dreißigerjahren waren dies die legendären »Krokodile« von RhB und BVZ, heute sind es Hochleistungsloks der neuesten Generation. Bis zum Zweiten Weltkrieg verkehrten Salonwagen, heute ermöglichen hochmoderne Panoramawagen einen fast grenzenlosen Blick in die Landschaft.

Und diese Landschaft ist von unvergleichlicher Schönheit: Es beginnt mit den Zermatter Bergen, gefolgt von dem Felssturz bei Randa und den von der Mattervispa durchflossenen Schluchten. Das Mattertal öffnet sich mit sonnigen Rebhängen zum Rhonetal mit der Industriestadt Visp und dem Verkehrsknotenpunkt Brig. Danach steigt die Strecke zur Rhonequelle empor, die man heute vom Zug aus nicht mehr sieht. Das Hochtal zwischen Realp und Andermatt ist ein Wintersportzentrum und der Kreuzungspunkt von zwei Verkehrsachsen. Nach dem kurvenreichen Aufstieg zum höchsten Punkt der Strecke, dem Oberalppass, geht es nach Disentis mit dem bekannten Kloster hinunter und weiter zum nächsten grandiosen Landschaftserlebnis, der wilden Rheinschlucht, dem Ergebnis eines urgeschichtlichen Felssturzes. Nachdem in Reichenau-Tamins Vorder- und Hinterrhein zusammengetroffen sind, kündet sich Chur mit großflächigen Industriezonen an. Nach dem Albulatunnel erreicht der Zug das vom jungen Inn durchflossene Oberengadin mit dem mondänen Kurort St. Moritz.

Dass der Glacier Express drei Kantone mit großer geschichtlicher Bedeutung, aber unterschiedlicher Kultur durchfährt, dürfte eine weitere Faszination bedeuten. Viel Freude bei der Lektüre dieses fesselnden Bildbands!

Rechte Seite:
Hohe Viadukte, gigantische Berge, sprudelnde Bäche und spektakuläre Gletscher bekommt der Bahnreisende im Panoramawagen des Glacier Express hautnah mit. Der legendäre Luxuszug befährt Brücken, Kehrtunnel und steile Rampen mit einem Ziel: dem Weg selbst.

Urwüchsige und atemberaubende Schweizerlandschaft, faszinierende Trassenführung und das Ambiente eines Wellnesshotels – jetzt sogar mit Whirlpool – das alles bietet die Fahrt mit dem Glacier Express. Für einen Tag darf man sich wie im Paradies fühlen. Der Glacier Express ist die Zuglegende schlechthin.

Geburt einer Legende

Um den mondänen Ferienort Zermatt zu erschließen, nahm im Juli 1891 die meterspurige Visp–Zermatt-Bahn (VZ) ihren Betrieb auf. Der verkehrstechnischen Erschließung von Davos verdankte zur gleichen Zeit die Landquart–Davos-Bahn (LD) ihre Gründung; sie wurde 1895 zur »Rhätischen Bahn« (RhB), die im Sommer 1904 St. Moritz und am 1. August 1912 Disentis erreichte.

Für die Eisenbahnfans ist er der Höhepunkt der Reise: Der Landwasser-Viadukt.

INFO

Fahrzeiten im Vergleich:

1927		590 Min.
Brig	ab	09.04 Uhr
St. Moritz	an	18.54 Uhr
1930		650 Min.
Zermatt	ab	07.30 Uhr
St. Moritz	an	18.20 Uhr
1951		560 Min.
Zermatt	ab	07.50 Uhr
St. Moritz	an	17.10 Uhr
1962		537 Min.
Zermatt	ab	08.30 Uhr
St. Moritz	an	17.27 Uhr
1985 Zug B		454 Min.
Zermatt	ab	10.10 Uhr
St. Moritz	an	17.44 Uhr
1999 Zug B*		483 Min.
Zermatt	ab	08.52 Uhr
St. Moritz	an	16.55 Uhr
2012 **		465 Min.
Zermatt	ab	09.13 Uhr
St. Moritz	an	16.58 Uhr

* nur Panoramawagen 1. Klasse und
  Speisewagen Brig – Chur –
  St. Moritz
** Premium Glacier Express

Weniger erfolgreich war die Brig–Furka–Disentis-Bahn (BFD), die zwar 1915 den Verkehr von Brig nach Gletsch aufnahm, aber bald in Schwierigkeiten geriet und 1923 Konkurs anmelden musste. Ein Syndikat, dem unter anderem VZ und RhB angehörten, setzte die Arbeiten fort, so dass die durchgehende Linie der Furka–Oberalp-Bahn (FO) am 3. Juli 1926 eröffnet werden konnte. Von da an verkehrten Kurswagen von Brig nach Chur beziehungsweise St. Moritz, und ab dem 1. August 1929 fuhren sie bis/ab Reichenau-Tamins mit den Albula-Schnellzügen, die einen MITROPA-Speisewagen führten.

Der »Glacier Express« zwischen Zermatt und St. Moritz nahm seinen Betrieb am 22. Juni 1930 auf, nachdem die meterspurige Verbindungsstrecke Visp–Brig erstellt und der Schnee auf der Furka-Bergstrecke geräumt waren. 1930 verkehrte der Zug bis zum 4. Oktober, danach fiel die Linie Oberwald–Realp in den Winterschlaf. Für den neuen Glacier-Express-Zug beschaffte die MITROPA einen dritten Speisewagen, die RhB den mit einem Bremszahnrad ausgerüsteten Salonwagen A4üSalon Nr. 61 III (heute As Nr. 1161), die VZ drei Wagen 1./2. Klasse mit Salonabteil (AB4ü Nr. 101-103). RhB und FO statteten vorhandenes Wagenmaterial 2./3. Klasse (RhB-BC4ü

Nr. 604-607 und FO-C4ü Nr. 260) mit geschlossenen Plattformen und Faltenbalg-Übergängen aus. Triebfahrzeuge waren die RhB-»Krokodile« Ge 6/6 Nr. 401-415, die BVZ-»Zahnrad-Krokodile« HGe 4/4 Nr. 11-15 und die FO-Dampfloks HG 3/4 Nr. 1-10.

In dieser Formation verkehrte der Zug bis 1942; nach einer vierjährigen Pause wegen des Zweiten Weltkriegs gab es ab 1947 keine Salonwagen mehr, dafür Erstklasswagen; die RhB-»Krokodile«

wurden durch die Ge 4/4 Nr. 601-610, die Furka–Oberalp-Dampfloks durch die HGe 4/4 Nr. 31-37 abgelöst, was die Fahrzeit deutlich verkürzte.

Anfang der Sechzigerjahre durchlief das Wagenmaterial eine Verjüngungskur. Von 1962 bis 1964 war Pontresina, nicht St. Moritz, Endpunkt der direkten Wagen. Ab 1975 waren Doppelführungen bei der FO an der Tagesordnung, und 1981, das Jahr vor der Eröffnung des Furka-Basistunnels, brachte einen Glacier-Express-Boom. Ab 1982 wurde als Entlastung der nur im Sommer verkehrende Rhein-Rhône-Express eingeführt, und ab Winter 1982/83 fuhr der Glacier Express ganzjährig.

Da die Fahrgastzahlen weiter zunahmen, wurde ab 1985 ein neues Konzept für die Sommer-Hochsaison mit zunächst drei, später vier täglichen Zugpaaren zwischen Zermatt und St. Moritz erarbeitet. Neu gab es Kurswagen von/nach Davos, anfangs über Filisur, später über Chur, die

man eine Zeitlang im Winter beibehielt. Ab 1986 kamen vier Panoramawagen der FO zum Einsatz, denen 1993 zehn FO- und vier BVZ-Panoramawagen folgten. Zu diesem Zeitpunkt wurde ein erstklassiger Glacier Express aus Panorama- und einem Speisewagen (St. Moritz–Brig) eingeführt. Und im Sommer 2000 kam der »Alpine Classic Pullman Express« hinzu, der an bestimmten Tagen mit den Salonwagen As 1143-1144, dem Gepäckwagen D 4062, dem Speisewagen WR 3812 sowie nostalgischen Triebfahrzeugen als selbständiger Zug verkehrt.

Zum 1. Januar 2003 fusionierten die finanziell nicht so sehr »auf Rosen gebettete« FO und die unter anderem dank des Betriebsmonopols zwischen Täsch und dem autofreien Zermatt profitable BVZ zur Matterhorn Gotthard Bahn. Um Verwechslungen mit einem Schweizer Großkonzern, dem Migros Genossenschaftsbund, und der zu diesem Konzern gehörenden Monte-Generoso-Bahn zu vermeiden, wird der Name der neu

Aus den Anfängen des Glacier Express mit dem »Zahnrad-Krokodil« der Brig–Visp–Zermatt-Bahn (BVZ). Diese 1929/30 gebauten Elektroloks vom Typ HGe 4/4 I prägten lange Jahre das Bild des Glacier Express. Diese Lok mit der Nummer 13 wurde inzwischen verschrottet.

Das »Zahnrad-Krokodil«
HGe 4/4 I Nr. 13 der früheren
BVZ schleppt einen gemischten Personen- und Güterzug,
der unter anderem zwei
Mitteleinstiegs- und einen
gemischten Post- beziehungsweise Gepäckwagen mitführt,
durch die von der Winterson-
ne beleuchtete Landschaft bei
Täsch.

gegründeten Bahngesellschaft in der Regel aus-
geschrieben, nur in den Revisionsblocks der Fahrzeuge steht „MGB".

Anlässlich des 75. Geburtstags gab es einige
„Spezialitäten", so trafen sich am 14. April 2005
eine (zahnradlose) Ge 4/4 III der RhB und eine
Zahnrad-Lok vom Typ HGe 4/4 II der MGB, beide
mit Werbeanschriften für den Glacier Express, auf
der verschneiten Oberalppasshöhe. Doch das
Jubiläumsjahr brachte auch einen Wermutstrop-
fen mit sich: Erstmals nach mehr als 20 Jahren
verkehrte der Glacier Express nicht mehr ganzjährig, denn in der Herbst-Zwischensaison von
Ende Oktober bis Anfang Dezember wurde der
Betrieb wegen schlechter Frequenzen eingestellt.
Ein gelungenes „Facelifting" erfuhr der Glacier

Express im Jahre 2006: RhB und MGB nahmen je
zwei von Stadler gebaute Panoramawagen-Gar-
nituren für den „Premium Glacier Express" in
Betrieb. Das äußere Erscheinungsbild der Fahrzeuge 1. und 2. Klasse wirkt sehr attraktiv: Die
Farbgestaltung basiert auf einem dem Gletscher-
eis nachempfundenen hellblauen Grundanstrich,
wobei die Wagenenden in den Farben Rot und
Weiß so gestaltet wurden, dass sie sich in der
gekuppelten Komposition zu der Schweizer
Flagge mit dem weißen Kreuz zusammenfügen.
Der in der Zugmitte eingereihte Servicewagen ist
vollständig in roter Farbe lackiert und trägt im
Großformat das als Marke geschützte Signet des
Glacier Express. Alle vier Garnituren sind gleich
gereiht: Auf zwei Wagen 1. Klasse, Ap und Api mit
behindertengerechter Toilette folgt der Servicewagen WRp mit einer leistungsfähigen Bordküche,
der Panorama-Bar und Sitzplätzen für das Zug-
personal; daran schließen sich drei typengleiche
Panoramawagen 2. Klasse an. Die rund 122 t
schwere Garnitur bietet 66 Plätze in der 1. Klasse
und 144 Plätze in der 2. Klasse an; jeder Panora-

>> Von Anfang an haben die beteiligten Bahnen auf Qualität Wert
gelegt und ihr jeweils modernstes Rollmaterial eingesetzt. Das Produkt »Glacier Express« wurde seit jeher gut vermarktet, auch wenn
es anfangs nur spezielle, große Zuglaufschilder waren. <<

mawagen – außer dem Servicewagen – besitzt in einem der beiden luftgefederten Drehgestelle ein Bremszahnrad.

Die MGB hat ihre 14 Panoramawagen der zweiten Generation, 1993 gebaut bei Breda und designt von Pininfarina, umfassend modernisiert und innen wie außen den Stadler-Fahrzeugen angepasst. Aus den As 2011 – 2014 der ehemaligen BVZ wurden die Api 4031 – 4034 (mit einer behindertengerechten Toilette), die As 4021 – 4030 der ehemaligen FO wurden zu zweitklassigen Bp „degradiert", wobei die Bp 4023 – 4026 aus Gründen des Kilometerausgleichs im Mai 2008 an die RhB verkauft wurden, wo sie als Bp 52521 – 52524 in Betrieb stehen. Aus den modernisierten Kompositionen werden zwei weitere Panoramazüge gebildet, in welche die Oldtimer-Speisewagen WR 3810 und 3811 der RhB eingereiht sind.

2006 wurde auch das Zugpaar Davos Platz – Filisur – Chur – Zermatt wieder eingeführt, in welchem jetzt noch die Panoramawagen der ersten Generation (PS 4011 – 4014) verkehren. Für dieses Zugpaar haben RhB und MGB Panoramawagen 1. und 2. Klasse sowie zwei Servicewagen nachbestellt, die ab 2009 zum Einsatz kamen, so dass die PS-Panoramawagen aus den Glacier-Express-Diensten ausschieden.

Große Veränderungen gab es im Dezember 2007 für die Matterhorn Gotthard Bahn: Einerseits wurden die Meterspurgleise in den SBB-Bahnhof Visp integriert und dieser anlässlich der Eröffnung des Simplon-Basistunnels zum „Knotenbahnhof" mit guten Umsteigemöglichkeiten erhoben, andererseits wurde Brig auch bei der Meterspur zu einem Durchgangsbahnhof, was nicht nur die Betriebsabläufe vereinfachte, son-

dern auch zu einer Verkürzung der Fahrzeiten beim Glacier Express führte. Die alte Streckenführung zwischen Bitsch und Brig mit dem Bahnhof Naters und der 180-Grad-Kurve über die Rhone wurde stillgelegt und abgebaut.

Ab 2008 wurde das Angebot des Glacier Express auf die Strecke Zermatt–St. Moritz reduziert. Ein Zugpaar allerdings verkehrt noch zwischen Zermatt und Davos über Filisur. Dieses Angebot steht aber auf der Kippe.

Oben: Heute Geschichte: HGe 4/4 I Nr. 33 befährt im August 1981 die Furka-Bergstrecke.
Unten: Nostalgie pur: Eine G 4/5 der RhB überquert den jungen Rhein bei Reichenau-Tamins. Diese Dampfsonderfahrten sind ein echter Höhepunkt für Fans der rauchenden Lokomotiven.

Die Matterhorn Gotthard Bahn

Am 1. Januar 2003 fusionierten die Furka–Oberalp-Bahn (FO) und die Brig–Visp–Zermatt-Bahn (BVZ) zur Matterhorn Gotthard Bahn. Damit wurde auch ein neues Kapitel in der Geschichte des Glacier Express aufgeschlagen, denn nun waren es nur noch zwei Bahngesellschaften, die den legendären Luxuszug gemeinsam betrieben. Altbekanntes wie die beiden großen weißen Buchstaben FO auf den roten Lokomotivenseiten verschwand. Der Schriftzug und das stilisierte Matterhorn der neuen Bahngesellschaft waren nun zu sehen. Die Farben der Gesellschaft sind rot und weiß.

Die Matterhorn Gotthard Bahn (abgekürzt: MGBahn oder oft auch MGB) ist Teil der BVZ Holding AG, zu der auch die Gornergrat-Bahn gehört. Sie verfügt über ein Streckennetz von 144 Kilometern Länge, davon 31,9 Kilometer mit Zahnrad des Systems Roman Abt. Es verbindet 44 Stationen miteinander, wobei die Züge nicht nur 49 Tunnels und Galerien benützenmit einer Gesamtlänge von 26,3 Kilometern, sondern auch über 60 Brücken und Viadukte fahren. Insgesamt müssen etwa 3.300 Höhenmeter bewältigt werden.

Der höchste Punkt liegt auf dem Oberalppass in 2.033 Metern Höhe, der tiefste liegt in Visp mit 625 Metern über dem Meer. Die längste Brücke der MGB ist die Rhonebrücke an der Ostausfahrt von Brig mit 176 Metern, die höchste ist die Mühlebachbrücke auf der Strecke Stalden/Saas–Kalpetran mit 45 Metern. Längster Tunnel ist das „Furka-Loch", das 15,4 Kilometer misst. Die wichtigste Strecke ist natürlich die von Zermatt nach Disentis, auf der auch der Glacier Express verkehrt. Ihr gehören aber auch die Regionalzüge Visp–Andermatt–Göschenen und die Autozüge durch den Furka-Basistunnel zwischen Oberwald und Realp sowie Andermatt–Sedrun.

Eine wichtige Aufgabe der Matterhorn Gotthard Bahn ist die Verbindung zwischen Täsch und dem autofreien Zermatt durch Shuttle-Züge mit Gepäck-Trolley. Täsch wurde zu einem Matterhorn Terminal ausgebaut. Touristen, die in Zermatt wohnen, können hier ihr Auto abstellen. Auch der Gütertransport nach Zermatt erfolgt mit Zügen der Matterhorn Gotthard Bahn.

Die Bahn erhält von den Standortkantonen öffentliche Gelder für die Aufrechterhaltung des öffentlichen Verkehrs in ihrem Gebiet. Immerhin sechs Millionen Reisende kann die MGB jährlich verzeichnen.

Für den Glacier Express wurde der Kauf hochmoderner Panoramawagen und Restaurantwagen 2006 zu einem Erfolg. Der Speisewagen heißt jetzt „Servicewagen" und besitzt neben einer Stehbar eine leistungsfähige Infrastruktur, damit das Essen am Platz serviert werden kann.

Doch es gab auch Rückschläge. Der schlimmste war sicher das schreckliche Eisenbahnunglück von Fiesch am 23. Juli 2010. Infolge zu hoher Geschwindigkeit zwischen den Stationen Lax und Fiesch Feriendorf entgleisten drei Wagen des Glacier Express; zwei der Wagen kippten um. Dabei starb eine Reisende aus Japan, 42 Personen wurden verletzt, zwölf davon schwer.

Doch die Situation der Bahngesellschaft ist trotz Finanzkrise stabil, ja es soll richtig Geld in die Hand genommen werden. Im Dezember 2011 wurde neues Rollmaterial im Betrag von 106 Millionen Schweizer Franken bestellt. Der Furka-Basistunnel soll bis 2019 für 180 Millionen saniert werden. Außerdem werden die Bahnhöfe von Andermatt, Zermatt und Brig erneuert. Bahnsteigverlängerungen in St. Niklaus, Herbriggen und Täsch sowie der Bau von neuen Kreuzungsstellen im Mattertal sowie zwischen Brig und Fiesch sollen den Verkehrsfluss verbessern.

Klar bleibt indes, dass der Renommeezug des Unternehmens, der Glacier Express, ein Premiumangebot bleiben muss. Angebote wie der am 1. April 2012 eingeführte erste Wellnesswagen unterstreichen diese Absicht. Mit Massagesitzen und Whirlpool ausgestattet definiert er Bahnfahren neu. Ganz stilecht wird der Jacuzzi vor jeder Fahrt mit frischem Gletscherwasser aus St. Moritz oder Zermatt befüllt.

Ob die Bahn das Fotoobjekt ist oder ob sie den Schnappschützen zu den Naturschönheiten bringt, die Matterhorn Gotthard Bahn ist für Eisenbahn- und Schweizfans gleichermaßen ein herausragendes Erlebnis. Ihre prominenteste Aufgabe ist es, zusammen mit der Rhätischen Bahn den Glacier Express auf Tour zu schicken.

Von Zermatt nach Brig

Einst blickte das majestätische Matterhorn hinunter ins Mattertal und sah, wie sich die Doppeltriebwagen ABDeh 8/8 der BVZ zur Rhone hinunterschlängelten. Heute fahren hier moderne Shuttle-Züge und der Glacier Express durch eine beliebte Urlaubsregion.

Die frühere Brig–Visp–Zermatt-Bahn (BVZ)

Der Generationenwechsel beim Glacier Express ist längst vollzogen: Das „Zahnrad-Krokodil" der alten BVZ HGe 4/4 I wurde längst von der modernen HGe 4/4 II abgelöst. Bei Neubrück unterhalb von Stalden begeistern herrliche alte Steinbrücken den Reisenden.

Ein »Zahnrad-Krokodil« mit dem Glacier Express, der vor allem aus Mitteleinstiegswagen besteht, im Oktober 1989 bei Stalden.

INFO

Die 44 km lange Strecke, welche die pendelnden Regional- und lokbespannten Schnellzüge in 80 Minuten bewältigen, überwindet einen Höhenunterschied von 935 m. Dabei werden fünf (früher sechs) Zahnstangenabschnitte nach dem System Abt befahren. Die Strecke beginnt auf dem Bahnhofsvorplatz in Brig und endet im sechsgleisigen Kopfbahnhof von Zermatt. In Glisergrund gibt es umfangreiche Depot- und Werkstättenanlagen; zwischen Täsch und Zermatt verkehren spezielle Shuttle-Züge.

Die Reise nach Zermatt, das nach der Erstbesteigung des Matterhorns im Jahre 1865 immer mehr an touristischer Bedeutung gewann, war in der zweiten Hälfte des 19. Jahrhunderts zeitraubend und kostspielig, weil es damals im Mattertal weder eine Straße noch eine Bahnverbindung gab.

Sechs Zahnstangenabschnitte für die VZ

1886 ersuchte der Lausanner Bankier Masson, hinter dem Banken aus Lausanne und Basel standen, beim Bundesrat um eine Konzession für eine schmalspurige Eisenbahn (750 mm) von Visp nach Zermatt, die der Erschließung der Region dienen sollte. Nachdem die Bewilligung – allerdings für eine meterspurige Linie – am 21. Dezember 1886 erteilt worden war, konnten die Bauarbeiten 1888 beginnen. Die Strecke wurde etappenweise in Betrieb genommen: Am 3. Juli 1890 war Stalden erreicht, am 26. August des gleichen Jahres St. Niklaus und am 6. Juli 1891 Zermatt. Die Betriebsführung lag bei der »Suisse Occidentale Simplon« (SOS), die auch die Planung und Bauleitung übernommen hatte; die Bahngesellschaft ging später in der Jura–Simplon-Bahn auf und diese in den Schweizerischen Bundesbahnen (SBB). Erst 1920 übernahm eine eigene Bahngesellschaft, die Visp-Zermatt-Bahn (VZ), mit Sitz in Lausanne, diese touristisch attraktive Strecke, die sich in einer Verwaltungsgemeinschaft mit der 1898 eröffneten Gornergrat-Bahn (GGB) zusammenschloss.

Während die Bauarbeiten an der Strecke, die den Höhenunterschied von rund 1.000 Metern mit sechs Zahnstangenabschnitten überwindet, wenig Schwierigkeiten geboten hatten, bedroh-

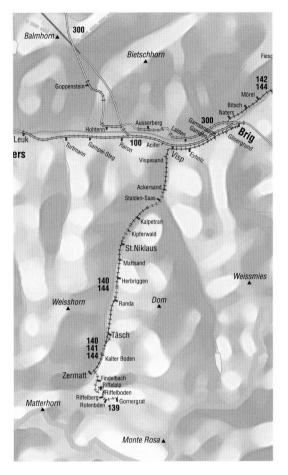

ten Naturgewalten in Form von Lawinen, Felsstürzen und Hochwasser ständig die Gleisanlagen. Als Beispiel für diese Problematik mag die Blattbachbrücke bei St. Niklaus dienen, die 1910 von einer Lawine weggerissen wurde, bevor sie ein Zug befahren hatte. Die zweite an dieser Stelle errichtete Brücke fiel 1914 dem Hochwasser zum Opfer, und die dritte Brücke wurde wieder von einer Lawine zerstört; eine vierte Brücke gab es nicht mehr, denn man entschloss sich zum Bau eines Tunnels. Unter diesen Umständen ist es klar, dass der Betrieb zunächst nur im Sommer erfolgte. Andererseits entwickelte sich Zermatt auch zu einem Wintersportort, so dass die VZ 1907 erstmals um eine Betriebserlaubnis für den Winter nachsuchte, die sie allerdings erst für den Winter 1928/29 und nur für den Abschnitt Visp—St. Niklaus erhielt, nachdem dieses Streckenstück mit Galerien wintersicher ausgebaut worden war. Der planmäßige Winterbetrieb bis Zermatt wurde 1933/34 realisiert. In der Zwischenzeit, nämlich im zweiten Halbjahr 1929, war der elektrische Betrieb mit dem bei der RhB

Eine HGe 4/4 II durchfährt den kleinen Ort Neubrück. Im Vordergrund erkennt man die Ritibrücke, dahinter die Zer Niwu Brigga. Faszinierende Motive für Eisenbahn- und Kulturfreunde!

üblichen Stromsystem von 11 kV und 16,7 Hz aufgenommen worden, und die neun Kilometer lange Verbindungsstrecke Visp–Brig stand seit dem 6. Juni 1930 ganzjährig in Betrieb.

Doch erst 32 Jahre später, nämlich 1962, wurde der Firmenname auf »Brig–Visp–Zermatt-Bahn« (BVZ) angepasst, anlässlich des 100-jährigen Bestehens erfuhr er die Abkürzung in »BVZ Zermatt-Bahn«; zudem wurde der Geschäftssitz von Lausanne nach Zermatt verlegt. Seit dem 1. Januar 2003 gibt es die BVZ nicht mehr. Ihre Nachfolgerin wurde die neu gegründete Matterhorn Gotthard Bahn.

Oben:
Der Pendelverkehr zwischen Täsch und Zermatt wird von diesen modernen Triebwagen übernommen.

Links:
In den Achtzigerjahren konnte man den Glacier Express noch mit einem der legendären „Zahnrad-Krokodile" HGe 4/4 I und Mitteleinstiegswagen fotografieren. Diese Aufnahme entstand bei St. Niklaus.

Am Fuß des Matterhorns: Bergsteigerdorf Zermatt

Leistungsfähige Seilbahnen, teilweise mit abenteuerlichen Streckenführungen, und vor allem die Gornergratbahn erschließen einzigartige Gebiete zum Skifahren oder für Hochgebirgstouren. Zermatt ist nicht gerade billig, doch der Aufenthalt ist jeden Franken wert. Für die gute Luft sorgt auch das Verbot von Autos mit Verbrennungsmotor. Diese bleiben in Täsch auf dem Parkplatz.

In hochalpinen Regionen schlägt das Wetter oft sehr schnell um. Man sollte sich vor einer längeren Wanderung deshalb immer gut informieren.

Zermatt, der südlichste Sommer- und Wintersport-Kurort der Schweiz, hieß im Mittelalter »Pratobornum« und trägt seinen heutigen, von »Zur Matte« abgeleiteten Namen seit dem 15. Jahrhundert. Den Aufstieg zu einem der meistbesuchten Fremdenverkehrsorte in den Alpen verdankte es einerseits der Weitsicht der Hoteliersfamilie Seiler, andererseits dem in der zweiten Hälfte des 19. Jahrhunderts aufblühenden Alpinismus, der durch die Erstbesteigung des 4.478 Meter hohen Matterhorns im Jahre 1865 durch Edward Whymper gefördert wurde. In der Region Zermatt befinden sich nämlich 29 der insgesamt 38 Viertausender der Schweiz, ein Paradies für Kletterer und Bergwanderer.

Von Alt-Zermatt sind heute nur noch wenige Reste im südlichen Ortsteil vorhanden, doch das Alpine Museum vermittelt einen Einblick in die Geschichte des Ortes und des Alpinismus. Der auf einer Höhe von 1.620 Metern liegende, autofreie Ort ist durch die umliegenden Berge vor den rauhen Winden geschützt und verwöhnt seine Gäste nicht nur mit einem milden, nebelfreien Klima, sondern auch mit rund 1.800 Sonnenstunden pro Jahr.

Die kürzeste Tram Europas auf einer Höhe von 2.210 Metern

124 Hotels oder Pensionen bieten – in verschiedenen Kategorien – rund 7.000 Betten an, rund 8.500 Betten weisen die 1.500 Chalets oder Ferienwohnungen auf; außerdem gibt es eine Jugendherberge und einen Campingplatz. Zahlreiche Gaststätten, darunter 53 Bergrestaurants, sorgen – auch mit internationalen Spezialitäten – für das leibliche Wohl der Besucher.

Im Sommer führen rund 400 km markierte und gepflegte Wander- und Spazierwege durch eine einzigartige Flora und Fauna – weiter erschließen sechs Skilifte ein ausgedehntes Sommerskigebiet.

» Der Besucher sieht eine phantastische Landschaft, die vom steil aufragenden Matterhorn beherrscht wird, das als Signet früher alle BVZ-Fahrzeuge schmückte. Das Wetter kann recht schnell umschlagen, und dann wird manche Seilbahnfahrt wegen der Windböen noch abenteuerlicher. «

Hübsche Holzhäuser und autofreie Straßen in Zermatt. Der mondäne Ferienort bietet besonders den zahlungskräftigen Gästen eine Vielzahl an attraktiven Angeboten. Zugleich ist Zermatt der Ausgangspunkt für spektakuläre Bergtouren mit dem einzigartigen Höhepunkt einer Besteigung des Matterhorns – allerdings nur für echte Könner.

Im Winter steht ein internationales Skigebiet mit 360 km markierten und gesicherten Pisten zur Verfügung. Es wird von 54 Bahnen und Liften erschlossen. Und zum Spazierengehen gibt es Wege mit einer Gesamtlänge von 30 km. Außerdem existieren in Zermatt mehrere Natur- und Kunsteis- sowie Curlingbahnen.

Bergbahnen erschließen die nähere Umgebung von Zermatt, darunter die meterspurige, 1898 eröffnete Gornergrat-Bahn (GGB), die auf ihrer 9,35 km langen Strecke, die mit einer durchgehenden Zahnstange des Systems Abt ausgerüstet ist, eine Höhendifferenz von 1.484 Metern überwindet. Zur Zeit sind 21 Triebwagen vorhanden, die die wegen des hohen Fahrgastaufkommens im Winter teilweise doppelspurige Strecke in 30 bis 40 Minuten zurücklegen. Von der Zwischenstation Riffelalp, die vor allem von Wanderern

genutzt wird, verkehrt die höchstgelegene und kürzeste Tram Europas auf einer Spurbreite von 800 mm zum nahe gelegenen Hotel. 1960 wurde das Unikum mit zwei kleinen Triebwagen nach einem Hotelbrand stillgelegt, doch im Sommer 2000 feierte es seine Wiedergeburt und erlaubt den Fahrgästen einen unvergleichlichen Blick auf die umliegende Bergwelt. Von der Endstation der GGB (3.090 m ü.M.) führt eine Luftseilbahn in zwei Sektionen zum Stockhorn (3.405 m), wobei von der Zwischenstation Hohtälli (3.286 m) eine weitere Luftseilbahn nach Rote Nase (3.247 m) abzweigt.

In Sunnegga (2.288 m), der Endstation der 1.590 Meter langen, als »Alpen-Metro« bezeichneten unterirdischen Standseilbahn, gibt es einen Sessellift nach Findeln und eine Gondelbahn nach Blauherd (2.571 m). Von dort aus geht eine Luft-

INFO

Zermatt, der südlichste Sommer- und Winter-Kurort der Schweiz bietet viel: über 15.000 Betten in Hotels, Pensionen und Ferienwohnungen, 400 km Spazier- und Wanderwege sowie einige Skipisten im Sommer, 360 km Skipisten und 30 km Wanderwege im Winter, etliche andere Sportmöglichkeiten, gute Bedingungen für Kletterer und Bergwanderer, zahlreiche Bergbahnen und Skilifte, das Matterhorn und weitere 28 Viertausender.

Seit der Wintersaison 2006/07
bringen die niederflurigen
Triebwagen Bhe 4/6 3081 –
3084 ihre Passagiere in nur
29 Minuten von Zermatt zum
Gornergrat. Im Winter kann man
am Fuß des Matterhorns auf
zwei Brettern ins Tal schwingen.
23 Gletscher gibt es in den
Bergen um Zermatt.
Die Gornergratbahn wurde
bereits 1898 eröffnet. Sie endet
auf dem Gornergrat in 3.089
Metern Höhe.

Rechts:

Das Matterhorn mit dem
Riffelsee im Vordergrund.
Unvergleichlicher Prolog zur
Reise mit dem Glacier Express.

Unten:

Triebwagen 3041 der Gornergratbahn. Er stammt noch aus
dem Jahr 1964, wurde aber
2001 modernisiert und technisch auf den neuesten Stand
gebracht.

seilbahn zum Rothorn (3.103 m) sowie eine Gondelbahn nach Gant, wo mittels Luftseilbahn eine
weitere Verbindung nach Hohtälli besteht.

Eine weitere Gruppe von Ausflugsbahnen
erschließt von Zermatt aus Schwarzsee (2.583 m)
bzw. Furgg (2.432 m), von dort aus Trockener Steg
(2.939 m) und schließlich das Klein Matterhorn
(3.820 m), wo man mit einem Aufzug im Inneren
des Berges zum Gipfel auf einer Höhe von 3.885
Metern hinauffahren kann – dem höchsten mit
einer Bahn zu erreichenden Punkt der Schweiz.

In der Sommer-Hochsaison 2012, also vom 12. Mai
bis 28. Oktober, verließen vier Glacier-Express-
Züge, welche die Matterhorn Gotthard Bahn
planmäßig führte, Zermatt zwischen 8.52 Uhr
und 9.59 Uhr, also innerhalb von rund 67 Minuten, in Richtung Davos und St. Moritz. Die
Gegenzüge kamen zwischen 17.00 Uhr und 18.32
Uhr an. Zwei Zugpaare werden mit den hochmodernen Garnituren des „Premium Glacier
Express" geführt, ein Zugpaar besteht aus den
modernisierten, von Breda gebauten Panoramawagen sowie einem Oldtimer-Speisewagen. Alle
Züge von beziehungsweise nach St. Moritz bieten
Essen am Sitzplatz an. Im Winter verkehrt ein
kürzeres Zugpaar zwischen Zermatt und St.
Moritz. Zusätzlich wird ein Premium-Zugpaar
zwischen Visp und Chur angeboten.

Im Mattertal: Zermatt–Visp

Zur Kapelle von Gspon von 1691 kommt man mit der Luftseilbahn der MGB.

>> Die Natur, die den Touristen fasziniert, macht es der MGB häufig nicht leicht: Erdrutsche, Lawinen, Steinschlag oder gar Bergstürze führen zu Betriebsunterbrechungen, obwohl die Bahn viel in die Streckensicherheit investiert und mobile wie feste Mittel einsetzt. <<

Kurz nach der Ausfahrt aus der soliden, aber nicht sehr hübschen Bahnsteighalle taucht der Zug in die zweigleisige, 260 Meter lange Schafgrabengalerie ein. Auf dem Ausweichgleis sind in der Regel Fahrzeuge als Reserve für die Shuttle-Züge Täsch–Zermatt und für die Schneeräumung abgestellt, manchmal sogar ein »Zahnrad-Krokodil«. Neben der Galerie befinden sich sechs Gleise für die Freiverladung. Nach drei Kilometern und mehreren Schutzgalerien folgt die Ausweichstelle »Kalter Boden«, die 1972 für Doppelkreuzungen angelegt wurde. Die talseitige Weiche liegt bereits im Zahnstangenabschnitt, der – von Galerien geschützt – nach Täsch führt, wo neben drei Bahnhofs- zwei Stumpengleise mit separater Perronanlage für den Pendelverkehr nach Zermatt bestehen. Die mit modernen Panorama-Triebwagen (in Doppeltraktion) geführten Shuttle-Züge verfügen über spezielle, mit Koffer-Rollies befahrbare Einstiege, so dass die Gäste ihr Gepäck bequem von einem der 2.000 gedeckten Parkplätze in den Zug transportieren können.

Zum »steilsten Dorf« der Schweiz

Über eine kleine Hochebene geht es nach Randa, das mehrmals von Überschwemmungen, Gletscherabbrüchen, Lawinen und Bergrutschen zerstört wurde. Die teilweise neu erstellte Strecke führt an einem riesigen Kegel aus 15 Millionen Kubikmetern Geröll vorbei, die 1991 aus der Wandfluh herausbrachen. Mit Hilfe der Zahnstange geht es nach Herbriggen hinunter (1.254 m ü.M.) und weiter zur Ausweichstelle Mattsand, die 1956 aus einem Ladegleis für den Bau des Kraftwerk-Ausgleichsbeckens entstand und 1966 um ein Stumpengleis erweitert wurde. In St. Niklaus fallen neben dem zweigleisigen Bahnhof auch der Kirchturm mit der originellen Zwiebelhaube und die mit grünlichen Steinplatten gedeckten Häuser auf. Der Quarzit wird in den Felsen der Umgebung abgebaut und mit Seilbahnen zu den MGB-Gleisen transportiert. In St. Niklaus kann man in den Postbus nach Grächen umsteigen, einen teilweise autofreien Urlaubsort auf einer Sonnenterrasse mit schneesicheren Skipisten. Eine moderne, kühn angelegte Gondelbahn führt zum Seetalhorn, einer Aussichtsloge hoch über dem Talboden. Im Winter findet man dort den größten Nikolaus der Welt: Der Kirchturm wird zu Ehren des Ortsheiligen rot gewandet und erhält ein Gesicht mit weißem Bart und roter Mütze.

Nach St. Niklaus führt die Zahnstangenstrecke durch die Kipfenschlucht, wo die ohnehin schmale Trasse regelrecht der Natur abgerungen werden musste. Es folgt der Bahnhof Kalpetran (897 m) mit zwei unterschiedlich langen Ausweichgleisen. Gegenüber dem Empfangsgebäude liegt die Talstation der kleinen Seilbahn nach

Embd (1.420 m), dem »steilsten Dorf der Schweiz«. Die Strecke verläuft danach mit sechs kleinen Tunneln und mehreren Brücken in einer steilen Felsenwand, bevor der Zug die Mattervispa auf einer formschönen Eisenbetonbrücke überquert. Eine altersschwache Eisenfachwerkbrücke musste 1959 der heutigen Mühlebachbrücke weichen. Wieder wird die Zahnstange benötigt, um nach Stalden-Saas (799 m) zu gelangen.

Nach dem Geröll die Rebberge

Da die Gleisanlagen für Doppelkreuzungen erweitert wurden, schloss man die aus Kalpetran kommende Zahnstange mit der nach Ackersand führenden zusammen, so dass auch die Stations- und Abstellgleise mit der Abt'schen Zahnstange ausgerüstet sind. Die im Saastal geplante Zweiglinie wurde nie gebaut, und so muss man nach

Saas-Fee ins Postauto umsteigen. Die Talstation der Luftseilbahn Stalden–Staldenried–Gspon befindet sich beim Bahnhof und wird vom MGB-Personal mitbedient. Kurz vor Ackersand (mit einem 1906 angelegten Gleis zum Wasserkraftwerk) fährt der MGB-Zug zum letzten Mal aus der Zahnstange aus. Das Aussehen der Natur verändert sich, denn die schroffen Felswände machen sonnigen Rebhängen Platz, und in Fahrtrichtung Visp rechts sieht man auf einer Höhe von 1.340 Metern das bekannte Weindorf Visperterminen. Bei Neubrück befindet sich eines der bekanntesten Fotomotive, da der Zug unter einer um 1600 gebauten Steinbrücke hindurchfährt, an deren Brückenkopf eine Barockkapelle steht (siehe Seite 21 und 32). Kurz vor Visp gibt es noch die Abstellanlage Vispesand, die notwendig wurde, als beim Bau einer Unterführung mehrere Abstellgleise im Bahnhofsbereich entfielen.

Bei Täsch müssen die Autos abgestellt werden. Nach Zermatt gelangt man mit dem Zug. Hier ein BDSeh 4/8 von Stadler, der den Zermatt-Shuttle bedient. Auf der gleichen Stecke fährt auch der Glacier Express.

Links oben: Der Glacier Express braust durch Neubrück, dessen Brücken dem Ortsnamen alle Ehre machen.

Links unten: Durch die Erosion sind interessante Gebilde entstanden, zum Beispiel die Erdpyramiden in der Nähe von Stalden-Ried.

Oben: Ein Shuttle bei Stalden, rechts wurde ein BDSeh 4/8 bei Zermatt abgelichtet.

Das verkehrsreiche Rhonetal: Visp–Brig

In Visp halten nicht alle Züge des Glacier Express. Hier beginnt der lange Streckenabschnitt entlang der Rhone. Bereits eine Viertelstunde später wird Brig erreicht, der Endpunkt der alten BVZ und der Startpunkt der ehemaligen Furka–Oberalp-Bahn. In dieser Region trifft man auf viele Industriebetriebe, aber auch einige kulturelle Höhepunkte.

Ein moderner BDSeh 4/8 macht Halt im Bahnhof Visp, auf dem man neben der Meterspur der MGB Normalspurgleise der SBB antrifft.

In Visp liegen mehrere Abstellgleise – eingeengt von Vispa und SBB-Anlagen – in einer scharfen 90°-Kurve. Das meterspurige Streckengleis führt direkt in den Bahnhof von Visp, der in den vergangenen Jahren grundlegend umgestaltet wurde: Drei MGBahn-Gleise an zwei Bahnsteigen wurden in den SBB-Bahnhof mit vier Normalspur-Gleise an zwei Bahnsteigen integriert; dafür wurden die Gleise auf dem Bahnhofsvorplatz sowie die alten Depotanlagen abgebrochen. Neben infrastrukturellen Bauten entstand ein fünfgeschossiges Aufnahme- und Dienstleistungsgebäude; sämtliche Anbieter des öffentlichen Verkehrs sind neu am Bahnhof zusammengefasst, wodurch sich direkte, schlanke Umsteigebeziehungen ergeben. Denn seit der Eröffnung der Lötschberg-Basistunnels im Dezember 2007 ist Visp ein sogenannter „Vollknoten" mit schlanken Umsteigemöglichkeiten ins Wallis, Mattertal und zu den Postauto-Linien. Weiterhin gibt es in Visp verschiedene Umlade- und Übergabemöglichkeiten für den Güterverkehr ins Mattertal.

Visp, von dessen früher Besiedelung prähistorische und gallorömische Funde zeugen, wurde mehrfach durch Kriege, Naturkatastrophen, Erdbeben und Brände verwüstet; heute ist es mit dem wöchentlichen Bauernmarkt, den Gewerbeausstellungen sowie den 7.000 Arbeitsplätzen in der Industrie (Lonza-Werke) bei 6.500 Einwohnern der Businessplatz des Oberwallis, der dank der nahen Sprachgrenzen zu Italien und dem Welschwallis auch kulturelle Bedeutung besitzt und in seiner kleinen, interessanten Altstadt zum Verweilen einlädt.

Die eingleisige MGB-Strecke Visp–Brig verläuft neben der doppelspurigen SBB-Simplon-Linie, während die zweigleisige BLS-Lötschberg-Bahn, gut sichtbar und von Wanderwegen begleitet, am Nordhang des Rhone-Tales hinabsteigt.

》》 Die kleine Stadt Brig ist das Zentrum des deutschsprachigen Wallis und Knotenpunkt wichtiger Nord-Süd- und Ost-West-Achsen. Am Fuße des umfangreichen Normalspurbahnhofs liegen auf sehr beengtem Raum die Meterspur-Anlagen der Matterhorn Gotthard Bahn. Von hier geht es flussaufwärts entlang der Rhone. **《《**

Bei Bahnkilometer 3,94 folgt die regelmäßig benutzte Betriebsausweiche »Gamsensand«, die 1964 um ein teilweise dreischieniges Mineralöl-Ladegleis ergänzt wurde. Die Personen-Bedarfshaltestelle »Gamsen« war bereits 1951 in Richtung Brig zur Talstation der damals eröffneten Seilbahn nach Mund, einem kleinen Terrassendorf, in dem Safran angebaut wird, verlegt worden.

1,5 Kilometer vor Brig liegen in Glisergrund umfangreiche Depot- und Werkstättenanlagen, die ursprünglich von FO und BVZ getrennt errichtet wurden, heute aber vollumfanglich der MGB zur Verfügung stehen. Die 1998 eingeweihten FO-Anlagen umfassen fünf Freiluft-Aufstellgleise, eine siebenständige Pendelzug-Halle mit Waschanlage, ein Depot für Schneeräumungsfahrzeuge (ein Gleis), eine Fahrleitungswerkstatt (zwei Gleise), ein Lokdepot (elf Gleise) und eine Wagen- beziehungsweise Lokwerkstatt (zehn Gleise). Diese 21 Depot- und Werkstattgleise werden über eine als Windfang mit zwei Toren

ausgebildete Schleuse und eine zentrale, 18 m lange Schiebebühne erschlossen. Viel kleiner ist das BVZ-Depot, das 1982-84 als Ergänzung der Visper Anlagen für den Unterhalt der Deh-4/4-Pendelzüge angelegt wurde: drei Hallengleise mit Putz- und Untersuchungsgruben, ein Werkstattgleis, drei Freigleise als Erweiterungsmöglichkeit, ein Freigleis als Hallenumfahrung und ein Stumpen. Bei Bahnkilometer 0,583 nahe dem »Anschluss Cardinal« überfährt der Zug die frühere Eigentumsgrenze von BVZ und FO, bevor er den Schmalspurbahnhof in Brig erreicht.

Oben:

Gerade an warmen Sommerabenden gewinnt die Stadt Brig, am Fuß des Simplon gelegen, südländisches Flair.

Unten:

Die Werkstätten- und Depotanlagen in Glisergrund mit einer Batterielok.

INFO

Brig, mit 12.000 Einwohnern kultureller und wirtschaftlicher Mittelpunkt des deutschsprachigen Oberwallis, liegt am Schnittpunkt wichtiger Nord-Süd- bzw. Ost-West-Verbindungen. Wahrzeichen der Kongressstadt mit hervorragender Infrastruktur und umfangreichen Freizeitangeboten in der Umgebung ist der Stockalper-Palast. Die gut ausgebauten öffentlichen Verkehrsmittel erschließen große Ski- und Wandergebiete.

Von Brig nach Disentis

Durch das herrliche Goms hinauf zum Furka-Basistunnel nach Andermatt führt dieser Abschnitt über den Oberalppass bis hinunter nach Disentis an den Vorderrhein. Auf 2.033 Metern erreicht der Glacier Express am Oberalppass die größte Höhe.

Die frühere Furka–Oberalp-Bahn (FO)

In ihren schönsten Zeiten fuhr die Furka–Oberalp-Bahn bis hinauf zum Rhonegletscher und den Furkapass auf 2.160 Metern Höhe. Mit dem Furka-Basistunnel hat sich das geändert, doch nun konnte die gesamte Strecke auch im Winter befahren werden.

Nachdem die Träume von einer Strecke Luzern–Meiringen–Oberwald–Brig–Italien geplatzt waren, wurden von 1886 bis 1906 acht Bahn-Ideen für das Oberwallis ausgearbeitet, von denen die Linie Brig–Gletsch im Jahre 1907 eine Konzession erhielt.

Auf und Ab zwischen Brig und Disentis

Im Herbst 1908 konzessionierte der Bund die Anschlussstrecke nach Disentis. Sie wurde ebenfalls von der Elektrizitätsgesellschaft Alioth (später BBC bzw. ABB in Baden) geplant und als elektrische Meterspurbahn mit einer Zahnstange am Furka- sowie Adhäsionsbetrieb am Oberalppass vorgeschlagen. Die Aktienmehrheit der »Compagnie Suisse du Chemin de Fer de la Furka (Brigue–Furka–Disentis/BFD)« übernahm ein französisches Konsortium, das die Trassierung veränderte, weitere Zahnstangenabschnitte zur Kostenreduzierung einfügte und Dampfbetrieb vorsah. 1911 begannen die Arbeiten an den wichtigsten Bauwerken in Naters, 1912 in Andermatt und Disentis. Wegen mangelhafter geologischer Abklärungen erfolgte der Durchstich am Furka-Scheiteltunnel erst 1915, während die Eröffnungszüge Brig–Gletsch bereits am 30. Juni 1914 dampften. Der Erste Weltkrieg brachte einschneidende Rückschläge, so dass die Züge ab 1919 nur noch mit staatlicher Hilfe fuhren und die BFD 1923 sogar Konkurs anmelden musste.

Ein Syndikat aus BVZ und RhB ersteigerte 1925 das Rollmaterial und die Anlagen für 1,75 Mio. Franken und setzte die Bauarbeiten mit Hilfe von fähigen RhB-Ingenieuren fort; so geht zum Beispiel die klappbare Steffenbach-Brücke auf den RhB-Oberingenieur Erminio Bernasconi zurück. Ab Juli 1926 verkehrten Züge zwischen Brig und Disentis; allerdings nur im Sommer, weil die Stre-

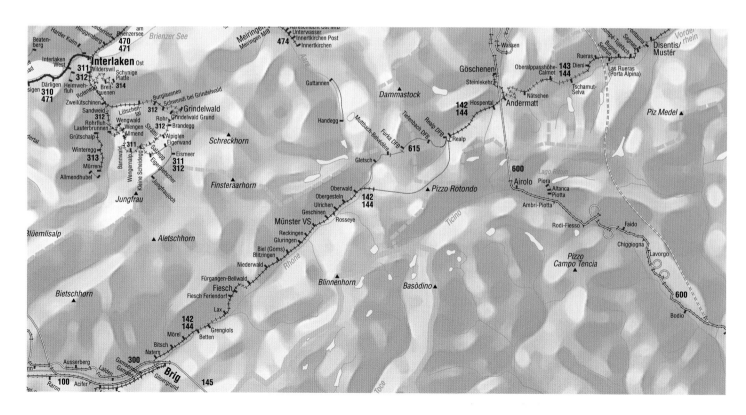

cke im Winter dreigeteilt war: Brig–Oberwald, Realp–Andermatt–Nätschen und Sedrun–Disentis. Die Verwaltung der 1926 gegründeten FO lag bis 1960 durch eine vertraglich geregelte Betriebsgemeinschaft bei der BVZ.

Wegen der strategischen Bedeutung wurde die Strecke ab 1940 elektrifiziert, und dank des wintersicheren Ausbaus konnte der Abschnitt Nätschen–Sedrun ab 1942/43 ganzjährig befahren werden. 1960 löste die FO die Betriebsgemeinschaft auf und fusionierte mit der 1912 gegründeten Schöllenenbahn, welche die 3,7 km lange Strecke Göschenen–Andermatt betrieb. Im August 1973 begannen in Realp, Oberwald und im Tessiner Bedrettotal die Arbeiten am 15,4 Kilometer langen Furka-Basistunnel, der am 25./26. Juni 1982 eröffnet wurde. Wenn die Lawinenzüge auf den Teilstrecken Niederwald–Oberwald,

Realp–Andermatt und Nätschen–Dieni keine Probleme machen, kann die 96,7 Kilometer lange Strecke seither ganzjährig befahren werden. In den Achtziger- und Neunzigerjahren investierte die FO viele Millionen Franken in neues Rollmaterial und weitere Streckenausbauten. Seit dem 1. Januar 2003 gibt es die FO nicht mehr. Sie ging in der Matterhorn Gotthard Bahn auf.

Drei Panoramawagen und der blaue »Gourmino«-Speisewagen bei Gluringen im Wallis.

Die Matte bei Reckingen im Obergoms begrüßt den Glacier Express, der von einer HGe 4/4 II gezogen wird.

Von den Zwiebeltürmen zum Simplon: Brig–Betten

Brig (684 m ü.M.), dessen Name sich von »Brücke« ableitet, ist seit dem 16. Jahrhundert der kulturelle und wirtschaftliche Hauptort des Oberwallis. Brig zählt rund 11.500 Einwohner und liegt am Kreuzungspunkt wichtiger Straßen- und Eisenbahnverbindungen; so sind 70 % der Arbeitsplätze im Dienstleistungssektor angesiedelt.

Den Ort Blatten mit seinen urwüchsigen Holzhäusern erreicht man von Brig aus mit dem Postbus. Von dort kann man die Seilbahn auf die Bealp nehmen und einen Blick auf den gigantischen Aletschgletscher werfen.

Wahrzeichen der Stadt ist der mit seinen drei Zwiebeltürmen weithin gut sichtbare Stockalper-Palast, der größte Palastbau der Schweiz, den Kaspar Jodok von Stockalper von 1658 bis 1678 errichten ließ. Stockalper, eine schillernde Persönlichkeit mit einer steilen Karriere als Politiker und Handelsmann, besaß gute Kontakte zu den europäischen Adelshäusern und Wirtschaftsmächten. Er baute den Simplonpass zu einer Hauptroute im Waren- und Personentransit aus, verfügte über das Salzmonopol und war in der einträglichen Söldner-Vermittlung tätig.

Neben dem Stockalper-Palast verfügt Brig über weitere sehenswerte Bauwerke, hat einen Namen als Kongressstadt und besitzt die nötige Infrastruktur mit Hotels, Restaurants und Freizeitangeboten. Mit dem Postbus fährt man zum Simplonpass, einem ausgedehnten Wanderparadies. Für mehrtägige Wanderungen bieten sich etwa der »Stockalperweg«, der auf der Trasse eines spätmittelalterlichen Saumpfades verläuft, oder die »Mineralientour« im Grenzgebiet Schweiz-Italien an. Gute Übernachtungs- und Verpflegungsmöglichkeiten sind vorhanden, und im Winter bestehen die besten Voraussetzungen zum Skifahren und für längere Skitouren.

Ein weiterer lohnender Postauto-Ausflug führt von Brig nach Blatten (1.322 m) und von dort mit einer 1.782 Meter langen Luftseilbahn zur Belalp (2.137 m). Dort bietet sich ein eindrucksvoller Blick auf den Großen Aletschgletscher, den mit 170 km^2 größten Gletscher der Alpen. Der SBB-Erlebnispfad zum Simplontunnel und der Rhone-

Der Stockalper-Palast mit den markanten Zwiebeltürmen beherrscht das Ortsbild von Brig. Dieser größte Palastbau der alten Republik Schweiz wurde Mitte des 17. Jahrhunderts von Kaspar Stockalper gegründet, einem Kaufmann, der als Politiker entscheidend für das Wohl seiner Heimatstadt Brig sorgte.

Radweg von Oberwald nach Martigny, der durch ausgezeichnete Weinbaugebiete führt, sind weitere interessante Ausflugsmöglichkeiten.

Der normalspurige SBB-Grenzbahnhof Brig, in dem die SBB-Linie Genf–Lausanne–Domodossola auf die Lötschberg-Bahn Bern–Brig trifft und den täglich 280 bis 320 Züge benutzen, ist rund 400.000 m² groß und wurde teilweise auf dem Ausbruchmaterial des Simplontunnels errichtet. Die von 1988 bis 1996 modernisierten Publikumsanlagen umfassen neun Bahnsteiggleise, fünf für SBB-, vier für BLS-Züge. Die Anlagen für den Güterverkehr, die eine Auszieh-, eine Forma- tions- sowie eine Rangiergruppe mit Ablaufberg umfassen, wirken mit zwölf Gleisen eher überdimensioniert, weil die Güterzüge zunehmend im italienischen Domodossola zusammengestellt werden.

Der Meterspurbahnhof auf dem Vorplatz des SBB-Bahnhofs, der früher der FO gehörte, heißt jetzt „Brig MGB", ist also Eigentum der Matterhorn Gotthard Bahn. Besonders im Winter herrscht dort manchmal eine bedrückende Enge, wenn Entlastungszüge geführt werden müssen. Der Bahnhof besteht aus den Gleisen 11 und 12 mit überdachtem Mittelperron, dem Umsetz- und

INFO

Nach Anfangsschwierigkeiten ging die rund 100 km lange Strecke Brig– Disentis im Jahre 1926 in Betrieb. Die Züge fahren über Adhäsionsstrecken und Zahnstangenabschnitte mit einem Gefälle bis 17,9 %, gebaut nach dem System Abt. Die Elektrifizierung erfolgte ab 1940, der durchgehende Ganzjahresbetrieb konnte erst 1982 nach der Eröffnung des Furka-Basistunnels aufgenommen werden.

Wagenaufstellgleis 13 und Gleis 14 mit seitlichem Bahnsteig. Seit Dezember 2007 verkehren die in Richtung Andermatt fahrenden Züge über das Gleis, das in östlicher Richtung ansteigt und seit 1914 zum FO-Güterbahnhof emporführte; dieser verfügt über ein Ausweich-, ein Abstell- und ein Verladegleis am SBB-Güterschuppen. Seit Dezember 2007 ist nämlich die sogenannte „Ostausfahrt" in Betrieb, welche über das Gütergleis führt, die Simplon-Linie der SBB unterquert, die Rhone auf einer neuen Betonbrücke überquert und kurz vor dem Bahnhof Bitsch in die ursprüngliche Linienführung mündet. Die alte

Linienführung über den Bahnhof Naters und die 180-Grad-Kurve mit der Brücke über die Rhone, die bei Hochwasser angehoben werden konnte, ist nicht mehr in Betrieb und wurde abgebaut. Weil der Meterspurbahnhof in Brig zum Durchgangsbahnhof wurde, ist bei den Glacier Express-Zügen kein Lokomotivwechsel mehr erforderlich, was nicht nur die Betriebsabläufe vereinfacht, sondern auch die Fahrzeit verkürzt. Übrigens wurden die zwischen Andermatt und Brig verkehrenden Regionalzüge bis zum neuen Knotenbahnhof Visp durchgebunden, was den Bahnhof Brig weiter entlastet.

2007, als diese Aufnahme entstand, war das 75-jährige Jubiläum des Glacier Express gerade mal zwei Jahre her. Hier ist soeben ein Glacier Express aus Chur kommend in Brig eingetroffen.

Früher existierten beim Personenbahnhof in Brig eine vierständige FO-Lokremise, eine Werkstatt und Freigleise, die in den vergangenen Jahren abgebrochen wurden; auch die alte Pendelzug- und Wagen-Remise, die Freigleise und der Stumpen mit Drehscheibe, die jenseits der Straße Brig–Naters lagen, sind verschwunden.

Sonnenterrassen über der Rhone

Zwischen Brig und der Haltestelle Bitsch, die 1998/99 zur 710 Meter langen Doppelspurinsel ausgebaut wurde, befinden sich in Fahrtrichtung rechts die Portale des Simplontunnels sowie links das Massa-Kraftwerk, das SBB und MGB mit Strom beliefert.

Bei Bitsch entdeckt man – eingezwängt zwischen Straße und Bahnlinie – in Fahrtrichtung links die Barockkapelle zur Schmerzhaften Muttergottes von Hohenflüh. Langsam fährt der Zug im klei-

nen Bahnhof von Mörel (759 m) ein. Von dort aus gibt es eine Luftseilbahn über Greich (1.352 m), parallel dazu eine Gondelbahn in zwei Sektionen über Ried (1.172 m) hinauf zur Riederalp (1.925 m). Sie ist ein idealer Ausgangspunkt für leichte Höhenwanderungen und zusammen mit der benachbarten Bettmeralp eine ausgezeichnete Ganzjahres-Ferienregion. In unmittelbarer Nähe befindet sich die Riederfurka (2064 m), von der aus man einen schönen Blick auf den Großen Aletschgletscher und den unter Naturschutz stehenden Aletschwald hat.

Weil sich das Tal zwischen Mörel und Betten zur Schlucht verengt, tragen Stützmauern und Lehnenviadukte Bahn und Straße. Kurz vor der eingleisigen, bereits im Zahnstangenbereich liegenden Haltestelle „Betten Talstation" überquert die Bahn auf dem 73 Meter langen, gemauerten Nussbaum-Viadukt die Straße und den Fluss und wechselt auf die andere Talseite.

Links:

Auf dem 73 Meter langen Nussbaum-Viadukt überquert der Glacier Express die noch junge Rhone.

Rechts:

Vom Bahnhof Mörel gelangt man mit der Luftseilbahn zum Gebirgsdorf Greich, in dem 165 Einwohner gemeldet sind. Nicht alle passen in die kleine Kirche.

Links oben: Der mächtige Aletschgletscher ist der größte seiner Art in den Alpen.

Mitte: Das idyllische Dorf Ried liegt oberhalb von Mörel.

Links unten: Entlang der Rhone findet man kleine Juwelen wie die Barockkapelle zur Schmerzhaften Muttergottes von Hohenflüh.

Oben: An steilen Felswänden schiebt sich der Glacier Express vorbei.

Beim Aletschgletscher im Goms: Betten–Münster

Der Aufstieg von Brig nach Oberwald, der über mehrere Stufen erfolgt, ist bahntechnisch höchst interessant. Doch kann man die Eisenbahn dank der guten Verbindungen auch als Ausgangspunkt zu sportlichen Aktivitäten im Sommer wie im Winter benutzen. Im idyllischen Goms findet man dafür die allerbesten Voraussetzungen.

INFO

Verschiedene Gemeinden zwischen Brig und Fiesch bilden eine Tourismusregion. Sie werben alle mit dem Großen Aletschgletscher, und ihre Orte sind meist mit leistungsfähigen Seilbahnen erschlossen. Hier findet der Urlauber attraktive Angebote für den Sommer- und Winterurlaub. Höhenwanderungen, Delta- und Gleitschirmfliegen, Skisport in allen möglichen Variationen gehören ebenso dazu wie die entsprechenden Übernachtungs- und Verpflegungsmöglichkeiten.

Die eingleisige Station Betten Talstation (842 m ü.M.) ist ein modern ausgebauter Gemeinschaftsbahnhof der meterspurigen MGB und zweier Luftseilbahnen. Hier wird der gesamte Personen- und Warenverkehr zur autofreien Ferienterrasse Bettmeralp abgewickelt, deshalb stehen Hunderte von überdachten Parkplätzen zur Verfügung. Die Seilbahn Betten–Betten Dorf ist 872 Meter lang und überwindet in vier Minuten eine Höhendifferenz von 370 Metern; daran schließt sich die Luftseilbahn Betten Dorf–Bettmeralp an (Länge: 1.610 m; Höhendifferenz: 728 m; Fahrzeit: 5 Minuten). Die direkte, 2.446 Meter lange Pendelbahn Betten–Bettmeralp fährt tagsüber ohne festen Fahrplan nach Bedarf und überwindet in sieben Minuten eine Höhendifferenz von 1.089 Metern. Das Dorf Betten liegt auf einer 1.212 Meter hohen Terrasse, die man vom Zug aus nicht sehen kann. Die Bahnhöfe Mörel und Betten werden an den Winterwochenenden mit hohem Fahrgastaufkommen von Brig aus mit Bussen bedient, um den Schienenverkehr zu entlasten.

Kehrtunnel mit 270°-Drehung

Mit Hilfe der Abt'schen Zahnstange geht es weiter hinauf nach Grengiols, einem einfachen Zwischenbahnhof (891 m). Unmittelbar nach der Ausweiche befährt der Zug – wieder auf der Zahnstange – das höchste Brückenbauwerk der früheren Furka-Oberalpbahn, den 31 Meter hohen und 106 Meter langen gemauerten Rhone-Viadukt, an den sich ein 595 Meter langer Kehrtunnel mit einer 270°-Drehung anschließt. Die Felsstufe des Deischberges wird mittels einer Steigung von 9 % überwunden. Mit weiteren Viadukten, Tunnels und der Zahnstange geht es hinauf zum zweigleisigen, 1997 modernisierten Bahnhof Lax (1.045 m), dem ersten Dorf der Talschaft Goms. Es folgen die 1968 angelegte Haltestelle »Fiesch Feriendorf«, die 1970 ein 120 Meter

≫ Im Kehrtunnel von Grengiols ändert der Glacier Express seine Fahrtrichtung um 270 Grad. Weil die Steigung im Fels etwa 9 % beträgt, wird dieser Abschnitt mit der Zahnstange befahren. Etwas später, bei Lax, wird das Goms erreicht, ein Landschaftsparadies mit einem Wanderwegenetz von über 700 Kilometern Länge. ≪

langes Ladegleis für den Ölumschlag erhielt, und knapp einen Kilometer danach der dreigleisige Bahnhof Fiesch. Dort wenden im Winter die Entlastungs- und Extrazüge von/nach Brig, die früher ein Leckerbissen für Eisenbahn-Fans waren: Es kamen nämlich oft Loks vom Typ HGe 4/4 I sowie die Personen-Triebwagen BDeh 2/4 mit unterschiedlichen Wagen-Kompositionen zum Einsatz; das konnten – nach dem Motto »man fährt mit dem, was man hat« – auch lupenreine BVZ- oder RhB-Wagengarnituren sein, letztere aus Einheitswagen der verkürzten Bernina-Bauart. In Zeiten der »Vereinheitlichung« sind solche Leckerbissen selten geworden.

Fiesch (1.062 m) ist der Hauptort des unteren Goms und ein wichtiges Tourismuszentrum. Mit einer Luftseilbahn wird in zwei Sektionen (Länge: 2.937 m + 1.837 m; Höhendifferenz: 1.164 m + 656 m; Fahrzeit: 7 + 3 Minuten) das 2.878 Meter hohe Eggishorn erschlossen, das eine phantastische Rundsicht auf die Berner und Walliser Alpen, das Rhone-Tal und den gewaltigen Eisstrom des Großen Aletschgletschers ermöglicht. Eggishorn und Kühboden bieten zudem hervorragende Möglichkeiten für Drachenflieger, die bei guten Wetterbedingungen Rekordflüge bis Chur und zum Genfer See unternehmen können. Die MGB betreibt Buslinien ins bekannte »Musikdorf« Ernen, das nicht nur für seine Bergkristalle, sondern auch für seine fachgerecht renovierten Häuser berühmt ist.

Steilstufe ins landschaftlich reizvolle Obergoms

Um Länge zu gewinnen, unternimmt der Zug einen kleinen Abstecher ins Fieschertal, bevor er wieder mittels Zahnstange den Berg erklimmt. Bei Fürgangen-Bellwald hat man die nächste

Steilstufe überwunden. Erst 1956 erhielt die Station ein zweites Gleis; Grund dafür war die Fertigstellung der 1.430 Meter langen Luftseilbahn Fürgangen–Bellwald. Damit erfuhr das Walliser Dorf auf der »Sonnenterrasse« (1.614 m) einen weiteren touristischen Aufschwung. In Hanglage

Grengiols bietet mit seinen Brücken und dem Kehrtunnel so etwas wie eine Zusammenfassung der gesamten Strecke des Glacier Express. Auch Regionalzüge fahren hier.

VON BRIG NACH DISENTIS

Unten:

Der 67 Meter lange Laxgraben-
Viadukt bildet kurz nach dem
Grengiols-Kehrtunnel einen
weiteren Höhepunkt der Strecke
nach Münster.

Rechts oben:

Dank Thomas Alva Edison und
seinen Jüngern ist die Fahrt
durch das abendliche Goms ein
Erlebnis in friedvoller Idylle.

Rechts unten:

Bei Lax wurde der Zug 906 des
Glacier Express mit dem Gourmi-
no und gezogen von einer HGe
4/4 II eingefangen. Es ist schon
Mitte Oktober. Bald endet die
Sommersaison.

führt die Strecke weiter nach Niederwald, das erste Dorf im Obergoms. Dessen zweigleisiger Bahnhof wird im Winter gelegentlich zum Endpunkt, wenn die weitere Strecke nach Oberwald trotz zweier Schutzgalerien wegen akuter Lawinengefahr geschlossen werden muss. Niederwald ist ein typisches Gomser Dorf mit Holzhäusern, die von Ställen und Scheunen umgeben sind.

Die nächsten Orte folgen in kurzen Abständen: Blitzingen, Biel – dessen Gleisanlagen bei einer Umtrassierung für höhere Geschwindigkeiten umgestaltet wurden –, Gluringen und Reckingen. Der dreigleisige Bahnhof war jahrelang der Übergabeort für den aus Chur kommenden Speisewagen des Glacier Express. Zu diesem Zweck war zunächst ein von der RhB angemieteter und später der FO-eigene Heizwagen X 4929 auf einem separaten Gleisjoch aufgestellt. Da die Speisewagen zur Zeit nach Zermatt durchfahren, hat der Heiz-

wagen in Brig eine neue Heimat gefunden. Die Region ist im Winter ein Eldorado für Ski-Langläufer, und im Sommer wird River-Rafting auch für Familien angeboten. Kurz nach Reckingen überspannt eine sehenswerte, gedeckte Holzbrücke die Rhone. Drei Kilometer weiter folgt der Bahnhof Münster, der über zwei Bahnhofsgleise und einen kleinen Stumpen mit Remise verfügt. Hier stand jahrelang die letzte Dampflok der FO, die HG 3/4 Nr. 4. Sie wurde in den Achtzigerjahren durch eine Gruppe von Freiwilligen aufgearbeitet und leihweise der Dampfbahn Furka-Bergstrecke überlassen. 2006 war dei Renovierung abgeschlossen. 2010 wurde die Lok der Dampfbahn Furka-Bergstrecke geschenkt. Anlass war die Wiedereröffnung der gesamten Strecke.

Münster (1.359 m ü.M.), der Hauptort des Goms, ist ein stattliches Haufendorf mit zahlreichen alten Walliser Häusern und einer stolzen Pfarrkirche.

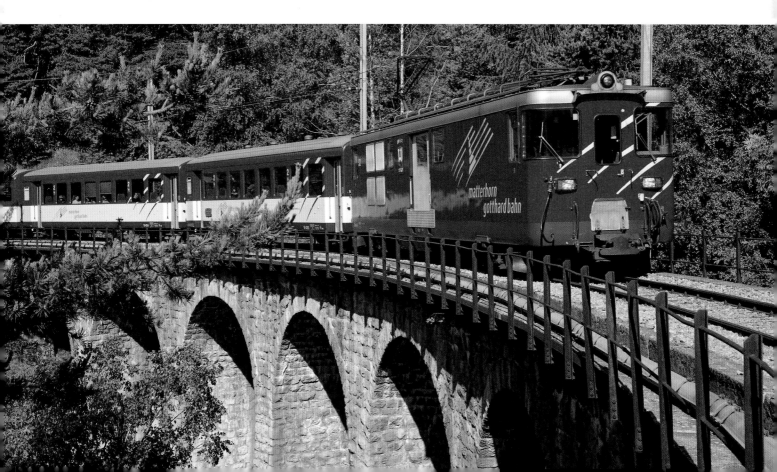

Naturparadies Obergoms: Münster–Oberwald

Hoch über dem Obergoms findet man auf dem Grimselpass beinahe schon arktische Verhältnisse. Hier hinauf gelangt man von Oberwald auf einem recht anspruchsvollen Bike-Pfad mit 970 Metern Höhenunterschied. Doch es gibt auch weniger anstrengende Ausflugsziele in diesem familienfreundlichen Hochtal. Und unten an der Rhone fährt der Glacier Express.

Münster ist der Hauptort des Goms. Die prächtigen alten Holzhäuser machen einen Ausflog in den Ort zu einer kleinen Zeitreise.

Abenteuer und Tradition im Obergoms

Im Ort beginnt die 1969 neu eröffnete Nufenen-Passstraße nach Airolo, die mit einer Höhe von 2.479 Metern der zweithöchste Hauptstraßenübergang der Schweiz (nach dem Umbrailpass im Engadin) ist. Seit 1996 gibt es in Ulrichen einen Skaterpark, der keine Wünsche offen lässt, und der Militärflugplatz kann als autofreie Rennstrecke genutzt werden.

Obergesteln weicht im Baustil von den anderen Dörfern ab, weil die Wohnhäuser von italienischen Baumeistern aus Stein errichtet wurden, während die Ställe und Scheunen aus Holz ringförmig um den Ort angelegt sind. Der Grund für diese ungewöhnliche Bauweise liegt in einem verheerenden Feuer, das 1866 den Ort einäscherte.

Nach der Haltestelle Geschinen (1.351 m ü.M.) folgt bei Bahnkilometer 36,3 die Dienststation Rosseye mit einem 170 Meter langen Ausweichgleis für die Flugbenzin-Transporte der Armee. Der zweigleisige Bahnhof Ulrichen (1.347 m) war schon zu Dampflok-Zeiten großzügig angelegt. Er wurde 1964 modernisiert und mit einem neuen Stationsgebäude ausgestattet.

Der Bahnhof Oberwald (Bahnkilometer 41,3; 1.366 m) hat sich bei den Bauarbeiten zum Furka-Basistunnel stark verändert. Bis zu dessen Eröffnung besaß er als winterlicher Endbahnhof für die Züge aus Brig drei Stationsgleise, einen Stumpen in Richtung Gletsch und eine zweiständige Remise (in Richtung Brig). Unmittelbar nach der letzten Weiche ging das Hauptgleis in die Zahnstangenrampe nach Gletsch mit einem Gefälle von 11 % über. Beim Umbau wurden das Stationsgebäude um ein Buffet erweitert, ein viertes Bahnhofsgleis und zwischen den von den Personenzügen benutzten Gleisen 3 und 4 ein Mittelperron angelegt, der durch eine Unterführung mit dem alten Hausbahnsteig verbunden ist und einen Ausgang zum Fußweg nach Oberwald besitzt. Das Gleis für die Autozüge zweigt (in Richtung Realp) von Gleis 1 ab, liegt an einer speziellen Rampe und reicht weit in den 673 m langen, teilweise zweigleisigen Umfahrungstunnel hinein, in dem sich die Einfahrtsweichen aus Richtung Realp befinden und der die Kantonsstraße sowie die alte Bergstrecke unterfährt. Das Abstellgleis parallel zum Autorampengleis sowie die beiden Abstellgleise in Richtung Ulrichen werden meistens von den Autozug-Reservewa-

gen genutzt. Von Gleis 1 zweigt – ebenfalls in Richtung Ulrichen – ein kurzes Stumpengleis mit einer Remise für die Diesellok Gm 4/4 Nr. 71 ab, die man von der Bauart als »Krokodil« bezeichnen kann und die für Rangier-, Bau- und Rettungsdienste sowie für Fahrten mit dem Spurpflug im Nahbereich vorgehalten wird.

Oberwald, ein aufstrebender Ferienort, bietet gute Wintersportmöglichkeiten, die zum Beispiel durch den Sessellift auf den Hungerberg (1.780 m) erschlossen werden; das Dorfbild wird durch eine Barockkirche bestimmt, die durch einen gewaltigen Lawinenbrecher geschützt ist und einen Altar von Johann Ritz (1716) besitzt. In Oberwald beginnt auf dem Rotten, der jungen Rhone, eine Strecke zum River-Rafting, die sich auch für Familien eignet, außerdem ist der Ort Ausgangspunkt für einen Naturradweg nach Ernen.

INFO

Im Goms werben viele Hotels mit dem Prädikat »familienfreundlich«, und viele Freizeitangebote gehören ebenfalls in diese Kategorie, zum Beispiel die Langlaufloipen im Winter, die verschiedenen Radwege, leichten Wandertouren sowie das River-Rafting im Sommer, vor allem aber der Skater-Park in Ulrichen. Wer sich mit den Angeboten im relativ ebenen Hochtal nicht zufrieden geben will, findet auf den umgebenden Bergen die ihm entsprechenden Möglichkeiten.

Vor der Einfahrt nach Geschinen ist dieser Glacier Express mit dem historischen Gourmino-Wagen zu sehen. Er kommt in Gegenrichtung aus St. Moritz.

Durchs Furka-Loch zum Gotthard: Oberwald–Realp

Dieser Abschnitt der Strecke von Zermatt nach St. Moritz ist der jüngste. Seit 1982 fährt der Glacier Express nicht mehr zum Rhonegletscher hoch und durch den Furka-Scheiteltunnel nach Realp sondern schneller und wetterunabhängig durch den neuen Furka-Basistunnel, der für rund 320 Millionen Schweizer Franken gebaut wurde. 15,4 Kilometer ist er lang.

Ein Blick von oben auf den Ort Realp. Man erkennt die ausgedehnten Bahnanlagen. Hier treffen sich der Glacier Express, der durch den Tunnel fährt, und die Dampfbahn, die auf der alten Furka-Bergstrecke fährt.

Nachdem schon bald nach der Betriebseröffnung eine wintersichere Verbindung zwischen dem Goms- und dem Urserental gefordert worden war, gilt der Walliser Ingenieur Roger Bonvin als »Vater« des Furka-Basistunnels. Bereits in den Dreißigerjahren erkannte er die wirtschaftliche Bedeutung einer ganzjährigen durchgehenden Bahnverbindung und verfolgte diese Idee in den Sechzigerjahren als National- und Bundesrat weiter.

Ein Bundesrat für das »Furka-Loch«

Bonvin plädierte für das sogenannte »Gotthard-Kreuz«: Furka-Tunnel (13,3 km lang), Bedretto-Tunnel Ulrichen–Val Bedretto (6,1 km), Grimseldurchstich Oberwald–Handegg (8,4 km) und Oberalptunnel Andermatt-Tschamut (8,1 km). Aufgrund von Machbarkeitsüberlegungen blieb der aus geologischen Gründen nach Süden ausgebuchtete Basistunnel mit dem 5,2 km langen Hilfsstollen ins Bedretto-Tal übrig. 1970 stimmten die politischen Gremien dem Bau zu, und im Sommer 1973 begannen die Bauarbeiten im Val Bedretto, in Oberwald und Realp. Der Tunnel war in drei Baulose aufgeteilt: Das 6.862 Meter lange Los »Oberwald« reichte bis zur Einmündung des Bedretto-Stollens und umfasste die 774 Meter lange Tunnel-Station Geren mit zwei Parallelstollen. Das 4.976 Meter lange Los »Realp« reichte bis zur doppelspurigen Tunnelstation Rotondo. Das Los »Bedretto« bestand aus dem 5.221 Meter lan-

gen Fensterstollen sowie dem 3.543 Meter langen Mittelstück samt Doppelspur-Abschnitt (Länge: 774 m). Obwohl die Ausbrucharbeiten zunächst gut voranschritten, zeigte sich schon Ende 1973, dass die Baukosten zu niedrig kalkuliert waren. Anfang 1974 ergaben sich auf der Seite Realp geologische Probleme, sehr bald auch noch personelle Schwierigkeiten, so dass das »Furka-Loch« ins Gerede kam. Die geologischen Probleme häuften sich, die Nachtragskredite auch, und im Parlament wurde sogar ein Baustopp gefordert, der aber aufgrund des Baufortschritts und der bereits getätigten Investitionen nicht zu vertreten war. Der Tunneldurchschlag erfolgte im April 1981, der Zusammenschluss der Gleise ein Jahr später, und die offizielle Eröffnung fand am 25. Juni 1982 statt. Der Tunnel, eine Zeitlang der längste Schmalspurtunnel der Welt, steigt von

Oberwald mit 1,75 bzw. 1,65 % bis zum Scheitelpunkt (Tunnel-Meter: 10.462; Höhe: 1.564 m) an und fällt dann mit 2 beziehungsweise 3,1 % wieder ab. Die Baukosten beliefen sich laut Schlussabrechnung von 1983 auf rund 320 Millionen Franken, mehr als das Vierfache des Voranschlags.

Die Autoverladung, die sich besser als erwartet entwickelte und die Diskussionen um den Tunnel verstummen ließ, findet im Stundentakt statt, wird von Freitag bis Montag auf einen Halbstundentakt verdichtet. Dafür stehen zwei Autozüge in folgender Formation zur Verfügung: Adhäsionslok Ge 4/4 Nr. 81–82 auf der Seite Realp + ein offener Rampenwagen + 5-8 Verladewagen mit Dach, die Fahrzeuge bis zu einer Eckhöhe von 3,05 m transportieren können, + ein offener Rampenwagen + Steuerwagen BDt 4361-63.

Links:

Das Postauto ist noch immer das Sinnbild für den Schweizer Alpenverkehr – und das einzige öffentliche Verkehrsmittel am Grimsel, Furka und Gotthard.

Rechts:

Bevor der »Glacier« bei Oberwald im Tunnel verschwindet, blickt man noch einmal auf die Rhone.

Dampfnostalgie am Furkapass

Am 11. Oktober 1981 fuhr der letzte planmäßige Zug über die Furka-Bergstrecke, die im letzten Betriebsjahr einen riesigen Ansturm erlebt hatte. Dem drohenden Abbruch widersetzte sich ein Komitee zur Rettung der Bergstrecke, durch das im Dezember 1983 der »Verein Furka-Berg-strecke« gegründet wurde. Dieser Verein wiederum initiierte die Gründung der »Dampfbahn Furka-Bergstrecke AG« (DFB) im Mai 1985: diese setzte die vom Verein mit Unterstützung von Fronarbeitern, also ehrenamtlichen Helfern, begonnene Sanierung fort, holte vier FO-Dampfloks aus Vietnam zurück, ließ zwei davon restaurieren und nahm ab 1992 den Betrieb bis Tiefenbach, danach bis zur Station Furka, der mit 2.160 Metern ehemals höchsten Station der Furka–Oberalp-Bahn, und ab 2000 bis Gletsch wieder auf. Am 12. August 2010 konnte die wiedereröffnung der gesamten Strecke gefeiert werden.

Links: Lok Nr. 1 „Furkahorn" wurde 1913 gebaut. Interessant sind die Holztore am Tunnelausgang.
Rechts: Die aus Vietnam zurückgekehrte DFB-Lokomotive „Furkahorn" zieht ihren Zug über das Steinstafel-Viadukt.

Nächste Doppelseite:
Links oben: Die Wagen stammen zum Teil aus dem Ende des 19. Jahrhunderts, gezogen von Lok Nr. 4.
Links unten: Auf dem Bahnhof Realp DFB herrscht Hochbetrieb.
Rechts: Noch einmal ist Lok „Furkahorn" im Einsatz.

Auf den Furkapass zum Rhonegletscher

Durchs Urserental zur Teufelsschlucht: Realp–Andermatt

Für die Autoverladung wurde der Bahnhof Realp (1538 m ü.M.) – ursprünglich eine einfache Zwischenstation mit Ausweichgleis – ausgebaut: Die dreigleisige Anlage hat eine Nutzlänge von 710 Metern und erstreckt sich bis zum Tunnelportal. Gleis 1 vor dem Empfangsgebäude dient vor allem der Autoverladung; interessanterweise kennt das Signal an der Autorampe nur den Befehl »Halt«. Während Gleis 2 ein reines Kreuzungs- oder Durchfahrgleis ist, halten sämtliche Personenzüge am Außenperron von Gleis 3, den eine Unterführung mit dem Hausbahnsteig verbindet.

Hinter dem Pendelzug der Schöllenenbahn erkennt man links vom Eingang des Autotunnels eine rote Teufelsfigur. Sie erinnert an die Entstehungssage der Teufelsschlucht, über die diese drei Brücken führen.

Zwei Bahnhöfe am Furka-Tunnelportal

Bei der Sanierung der Furka-Bergstrecke, deren Gleis am Talende abgehängt worden war, entstand der Bahnhof Realp DFB, zunächst ein Installationsplatz mit einfachen Gleisanlagen. Später wurde dieser zweite Bahnhof am Furka-Tunnelportal durch eine in Pontresina ausgebaute Drehscheibe sowie lawinensichere Depot- und Werkstattgebäude ergänzt. 1997 realisierte die Dampfbahn neben den FO-Gleisen einen eigenen zweigleisigen Kopfbahnhof, so dass man die Depotanlagen räumlich vom Personenbahnhof trennte und den Fußweg zur MGB-Station beziehungsweise dem Parkplatz deutlich verkürzte.

Im November 1999 wurde kurz vor dem Tunnelportal eine Weichenverbindung zwischen FO- und DFB-Gleisen hergestellt. Damit entfallen die aufwendigen, risikoreichen Fahrzeugtransporte in den nächtlichen Betriebspausen, die sich früher über eine Kletterweiche abgespielt haben. Außerdem werden Sonderfahrten, zum Beispiel von Glacier-Express-Wagen auf der Bergstrecke, möglich.

Der nun folgende Streckenabschnitt bis Hospental ist stark lawinengefährdet, doch wird die Bahn – im Gegensatz zur Straße – durch die künstlich angelegte Mitschengalerie geschützt. Ist die Straße im Winter geschlossen, verkehren die Autozüge bis Andermatt und werden dort an der Rampe für die Autoverladung nach Sedrun abgefertigt.

Zumdorf, das kleinste Dorf der Schweiz, wurde bis in die Neunzigerjahre im Winter von der FO bedient; ein beliebter Fotostandort ist die gemauerte Richlerenbrücke über die Furkareuß kurz vor Hospental. Der dortige Bahnhof (1.452 m) erfuhr 1981 bei der Einführung des Streckenblocks eine Modernisierung und verfügt über drei Bahnhofs- sowie drei Abstellgleise zur Entlastung von Andermatt. Das Ortsbild von Hospental wird von der Barockkirche (1706) und der Ruine eines Wehrturms (13. Jahrhundert) beherrscht. Der Ort liegt am Fuße der modern ausgebauten, aber im Winter geschlossenen Gotthard-Passstraße. Vom Zug aus sieht man die Belüftungszentrale des Gotthard-Straßentunnels; damit wird klar, dass hier der Kreuzungspunkt wichtiger Nord-Süd- und Ost-West-Achsen liegt. Wenig später fährt der Zug über die rechte (ältere) Reußbrücke in Andermatt (1.436 m) ein. Die linke Brücke wurde 1987 für eine Doppelspurinsel zur besseren Betriebsabwicklung gebaut und wird in der Regel von den Zügen nach Brig benutzt. Dort befindet sich auch die Rampe für die Autozüge, die an Winter-Wochenenden nach Sedrun verkehren.

Die Glacier-Express-Züge aus Zermatt fahren auf Gleis 1 vor dem Empfangsgebäude ein, die Züge nach Brig–Zermatt benutzen Gleis 2 am Mittelperron, während die Pendelzüge nach Göschenen, die meist aus Visp/Brig, seltener aus Disentis kommen, ab Gleis 3 verkehren. Gleis 4 wird nur bei »Großandrang« benutzt, der Rest sind Rangier- oder Abstellgleise. Der Rangierdienst hat viel zu tun: häufig sind Verstärkungswagen von Glacier-Express- und Pendel-Zügen umzustellen. Die Depot- und Werkstättenanlagen, in denen auch eine Zahnrad-Diesellok steht, haben seit der Eröffnung der Zentralwerkstätte an Bedeutung verloren, weil sie nur noch für die Autozüge,

INFO

Andermatt, das mit dem Zug und dem Auto leicht zu erreichen ist, eignet sich mit seiner gut ausgebauten Infrastruktur für Sommer- und Winterferien. Es gibt schöne Spazier-, interessante Wander- und gute Radwege, im Winter mehrere Skigebiete, eine Rodelbahn und verschiedene Loipen im Urserental. Wer seine Ruhe beim Fischen an einem kristallklaren Bergsee sucht, kommt gleichfalls auf seine Kosten.

Ein alter »Glacier« der Achtzigerjahre überquert indessen die bekannte Richlerenbrücke zwischen Realp und Hospental. Zuglok ist eine HGe 4/4 I der ehemaligen Furka–Oberalp-Bahn.

Oben:

Ein Zug der MGB bei Hospental.

Rechts unten:

Der gut erhaltene Dorfkern von Andermatt – eine lohnende Reiseunterbrechung.

Ganz rechts:

Premium-Garnitur wischen Realp und Hospental.

Schneeräumfahrzeuge und Güterwagen zuständig sind. In Andermatt beginnt auch die 1917 eröffnete, 3,7 Kilometer lange Schöllenenbahn nach Göschenen, die wegen eines Gefälles von 17,9 % nur von Pendelzügen befahren werden darf, die mit automatischen Kupplungen fest gekuppelt sind und deren Triebwagen talseits stehen.

Andermatt ist ein beliebter Wintersportort mit zwei großen Skigebieten: dem Nätschen und dem mit einer Seilbahn erschlossenen Gemsstock

(2.961 m). Da der Ort mit der spätromanischen Kirche im Bereich der »Gotthard-Festung« liegt, gibt es eine große Kaserne und weitere militärische Anlagen. In der Nähe der Kaserne befindet sich das Suworow-Denkmal, das dem russischen Staat gehört und an die Kämpfe zwischen Russen und Franzosen im Jahre 1799 erinnert. Nicht weit davon entfernt gibt es am Eingang zur Schöllenen-Schlucht die 1956 neuerbaute »Teufelsbrücke«, eine Nachfolgerin der alten Saumpfadbrücke aus dem 15. Jahrhundert.

Oberalppass – der höchste Punkt: Andermatt–Sedrun

An der Quelle des Rheins gibt es eine Vielzahl lohnender Wanderwege. Besonders reizend ist der Aufstieg von der Oberalppasshöhe zum Tomasee, dem Ursprung des Rheins. Hier kann man den wichtigsten Strom Mitteleuropas mit einem Sprung überqueren. Am Oberalppass ist der höchste Punkt der Strecke erreicht. Jetzt geht es ins Urserental hinab.

Kurz nach der Bahnhofsausfahrt Andermatt fährt der Zug in die Zahnstange für das nun folgende Gefälle von 11% ein. In Serpentinen führt die Strecke am Hang empor, wobei drei Kehren in teilweise neu angelegten Tunneln liegen.

Panoramafahrt mit Serpentinen

Den Fahrgästen bietet sich eine herrliche Aussicht auf den Bahnhof, den Ort, das Urserental sowie die Bergwelt. Aus der Distanz betrachtet, wird alles zu einer »hübschen Spielzeuglandschaft«. Die zweigleisige Station Nätschen (1.843 m) erhielt ihre Bedeutung, als 1926/27 Wintersportzüge ab Andermatt eingeführt wurden. Um die Strecke zu entlasten, baute die FO später einen

Sessellift Andermatt–Nätschen, an den eine Sesselbahn nach Gütsch (2.344 m) anschließt. Die von November bis Mai geschlossene Passstraße nach Andermatt hinunter verwandelt sich in eine sieben Kilometer lange Rodelbahn und einen schönen Winter-Wanderweg.

Von der 1962 aufgehobenen Ausweich- und Bedarfshaltestelle Oberalpsee (Bahnkilometer 76,3; Höhe: 2.029 m), die von 1947 bis 1962 Übergabeort für den Glacier-Express-Speisewagen war, zeugen nur noch ausgebaute Weichen und Gleisjoche sowie der Steinring der Drehscheibe. Sie hatte seit 1951 an Bedeutung verloren, nachdem Lawinen das dortige Hotel zerstört hatten. Der Streckenabschnitt Nätschen–Oberalpsee besaß ursprünglich keine Zahnstange, erhielt sie aber 1942 bei der Elektrifizierung und Einführung des Winterbetriebs. Bis zur 731 Meter langen, 1940 gebauten Lawinengalerie, die Straße und Schiene schützt, ist die Strecke mit einer speziellen Lawinenfahrleitung ausgerüstet. Dabei kommen statt der sonst üblichen Stahl- je zwei Holzmasten als Fahrleitungsträger zur Anwendung, die über Soll-Bruchstellen verfügen und auf

Die Rheinquelle ist nur zu Fuß erreichbar. Ein Schild zeigt es an: Bis zur Mündung wird der Rhein 1.320 Kilometer zurücklegen. Fast immer ist die Eisenbahn dabei.

hohen Sockeln stehen, damit sie nach einem Lawinenniedergang schnell ausgewechselt werden können.

Auch im Winter über den Oberalppass

Während sich die Strecke ursprünglich am Ufer des kristallklaren Oberalpsees entlangschlängelte, wurde sie 1940 an den Hang verlegt und begradigt; die Station Oberalppasshöhe-Calmot (2.033 m), seit Schließung der Furka-Bergstrecke der höchste Punkt der MGB und des Glacier Express, bekam ihren Platz auf einem Damm am östlichen Seeufer. Als 1960 ein Skilift zum Calmot in Betrieb ging, baute die FO die Haltestelle zur Kreuzungsstation aus, die in den Achtzigerjahren nochmals erweitert wurde. Von 1962 bis 1968 fand die Übergabe des Speisewagens an diesem Ort statt.

In Andermatt sind die Zahnrad-Diesellok HGm 4/4 Nr. 61, die Schneeschleuder X rotm Nr. 4934, deren Aufbau mit dem Schleuderaggregat auf dem vierachsigen Fahrgestell gedreht werden kann, und Spurpflüge für die Schneeräumung stationiert. Trotzdem muss die Linie Nätschen–Dieni fast jedes Jahr wegen Lawinengefahr für einige Tage geschlossen werden. Ein spektakulärer Unfall ereignete sich im Februar 1990, als alle sechs Wagen des Glacier Express (auch der Speisewagen WR 3815) und die Wagen des kreuzenden Regionalzuges im wahrsten Sinne des Wortes von den Gleisen geweht wurden. Deshalb wird seither die Windstärke automatisch auf der Passhöhe gemessen und nach Andermatt übermittelt, wo man gegebenenfalls eine Streckenschließung verfügt.

Die hochalpine Landschaft bietet herrliche Wintersportmöglichkeiten, und im Sommer kann man in einigen Stunden zum bezaubernden

Tomasee, der Quelle des Vorderrheins, am Fuße des Rossbodenstocks (2.836 m) und des Piz Badus (2.928 m) wandern.

Nach Oberalppasshöhe-Calmot unterquert die Bahn in einem 227 Meter langen Tunnel (mit Zahnstangeneinfahrt) die eigentliche Passhöhe, die Straße sowie die Kantonsgrenze zwischen Uri und Graubünden. Es folgen kurz nacheinander

Oberhalb des Ortskerns steht seit 1740 die Mariahilf-Kapelle, die den Glacier Express in moderner Premium-Ausstattung mit dem roten Servicewagen begrüßt.

fünf Galerien und Tunnel sowie der Val-Val-Viadukt. Die Station Tschamut-Selva (1.701 m) liegt im Zahnstangenbereich und besitzt zwei der insgesamt fünf komplizierten Zahnstangenweichen. Es bietet sich ein phantastischer Blick ins Tal mit dem jungen Vorderrhein und nach Süden auf die Staumauer des Curnera-Sees. Am Nordhang des Tales geht es auf der Zahnstange nach Dieni (1.482 m), das 1951 als Haltestelle für den Win-

tersportverkehr eingerichtet wurde. Beim Bahnhof beginnt eine leistungsfähige Seilbahn, und zwischen Sedrun und Dieni verkehren Wintersportzüge.

Es folgen sehenswerte Viadukte, die Haltestelle Rueras (1.447 m) und der 1980/81 modernisierte Bahnhof Sedrun (1.441 m) – mit drei Bahnhofs- und zwei Abstellgleisen der wichtigste Zwischen-

bahnhof auf der Oberalpstrecke, deren Signale und Weichen ferngesteuert werden. Ein Unimog-Traktor (halb Auto, halb Lok) verschiebt im Winter die Autotransportwagen, die an Werktagen den Regionalzügen mitgegeben und an Wochenenden zu einem eigenen Zug formiert werden. In der Zwischensaison haben in Sedrun einige Regionalzüge aus Disentis gewendet, die sonst bis Andermatt durchfuhren.

Links:

Hier bei Rueras verläuft tief unten im Berg die Trasse des neuen Gotthard-Basistunnels.

Oben:

Januar 2011 am Oberalppass. HGe 4/4 II Nr. 106 vor einem Regionalzug.

Am Vorderrhein entlang: Sedrun–Disentis

Sedrun, der Hauptort des Tavetsch, ist mit seiner Barockkirche von 1691 und den typischen Holzhäusern ein beliebter Sommer- und Wintersportort. Verschiedene Sesselbahnen und Schlepplifte erschließen hervorragende Wintersportmöglichkeiten, und im Sommer gibt es in der Region erholsame Wanderungen und interessante Hochgebirgstouren etwa zum Piz Nair (3.059 m).

INFO

Selbst Eskimos fühlen sich in Sedrun zu Hause, denn hier gibt es nicht nur komfortable Betten in warmen Hotelzimmern, sondern auch eiskalte Nachtlager im selbst gebauten Iglu. Das Eskimodorf liegt oberhalb des Ortes. Während das Thermometer auf minus 15 Grad sinkt, bleibt es im Iglu immerhin vier oder fünf Grad »warm«. Daunenschlafsäcke mitbringen!

Mit dem »Zwischenangriff Sedrun« begannen im Jahr 1996 die Bauarbeiten am Gotthard-Basistunnel. Die Baustelle wird vom blockgesicherten Abzweig Tscheppa (Bahnkilometer 89,875) mit einem 2,23 km langen Werksgleis, das eine Zahnstange und mehrere Kunstbauten aufweist, und dem dreigleisigen Baubahnhof Las Rueras erschlossen. Die SBB haben das Anschlussgleis gebaut, die MGB betreibt es und liefert die Baustoffe, unter anderem. Zement in den bekannten »Mohrenköpfen« von RhB und MGB an. Der »Zwischenangriff« besteht aus einem 990 Meter langen Zugangsstollen mit Werksleitungen und der Stollenbahn, einem 480 Meter langen Entlüftungsstollen und einem 835 Meter tiefen Vertikalschacht, an dessen Fuß die Kavernen für die »Multifunktions-

stelle Sedrun«, einen Gleiswechsel mit Nothaltestellen und Fluchtmöglichkeiten, ausgebrochen werden. Im Ort gibt es ein besuchenswertes Informationszentrum zu den Bauarbeiten am Gotthard-Basistunnel, und dort kann man sich auch einen Überblick über den Installationsplatz verschaffen.

»Fliegende Kreuzungen« auf dem Weg nach Disentis

Einen besonders schönen Fotostandort im Sommer wie im Winter stellt der gemauerte, leicht gebogene Val-Bugnei-Viadukt mit seinen neun Bogen dar. Um die Kapazität der Strecke Sedrun–Disentis zu erhöhen, die von den Güterzügen zur AlpTransit-Baustelle befahren wird, hat die FO 1998 die Station Mompe Tujetsch (1.394 m), ursprünglich eine einfache Haltestelle, zum Kreuzungspunkt ausgebaut. Zur Entlastung des Bahnhofs Disentis wurde im Frühjahr 1986 die kleine Kreuzungsstation Segnas, die für den Reiseverkehr wenig Bedeutung hat, auf eine Nutzlänge von 280 Metern erweitert, so dass mit Hilfe des Streckenblocks auch »fliegende Kreuzungen« möglich sind. Bald können die Reisenden einen

»» Die letzte Etappe der Matterhorn Gotthard Bahn hat begonnen. Es geht hinunter nach Disentis, wo das Hoheitsgebiet der Rhätischen Bahn beginnt. Der Weg führt durch die Surselva, deren Bewohner einen rätoromanischen Dialekt sprechen. Sie ist der westlichste Teil des Kantons Graubünden. ««

ersten Blick auf das Klosterdorf Disentis (in der rätoromanischen Sprache: Mustér) werfen. Die Zahnräder rasten letztmals in die Zahnstange ein, der Zug fährt durch den Haltepunkt Acla da Fontauna, überquert den Val-Acletta-Viadukt, benutzt den neuen Disentiser Tunnel mit dem geringeren Gefälle, fährt aus der Zahnstange aus und in den Übergabebahnhof Disentis (1.130 m) ein.

Die Station, die der Rhätischen Bahn gehört, wurde 1998/99 grundlegend umgebaut: Die Drehscheibe vor den beiden Lok-Remisen verschwand, neben der MGB-Remise gab es ein 65 Meter langes Abstellgleis. Die RhB-Wagenremise am Ostkopf wurde abgerissen und durch zwei (längere) Freigleise ersetzt. Zwischen den Gleisen 2 und 3 entstand ein 300 Meter langer, teilweise

Über den imposanten Val-Bugnei-Viadukt fährt ein Glacier Express mit älteren Wagen, gezogen von einer Lok des Typs HGe 4/4 II.

69

Oben:

Ein Zug der Matterhorn Gotthard Bahn ist oberhalb von Segnas unterwegs.

Rechts:

Blick auf Disentis und das eindrucksvolle Barockkloster. Um 750 gründeten Benediktiner hier über den Grabstätten zweier Märtyrer ein Kloster. 940 kamen sogar Sarazenen hierher und zerstörten es.

überdachter Perron, und die Nutzlänge der beiden Perrongleise beträgt neu 350 Meter, wozu Aufschüttungen nötig wurden. Neben Gleis 1 entstanden beim Ostkopf neue längere Abstellgleise für die Freiverladung. Die Weichenverbindungen wurden vereinfacht und modernisiert, die Signalanlagen den heutigen Bedürfnissen angepasst. Hier verabschiedet sich die Lok der MGB und eine Maschine der Rhätischen Bahn (RhB) wird angehängt.

Disentis, das einen gemütlichen Rundgang wert ist und gute Möglichkeiten für einen Sommer-

wie Winterurlaub bietet, liegt auf einer Anhöhe über dem Zusammenfluss von Vorder- und Mittelrhein. Es wird von der großzügigen Barockanlage des um 750 gegründeten Benediktinerklosters beherrscht, das eine Mittelschule mit hervorragendem Ruf beherbergt. Die Klosterkirche mit zwei Türmen wurde von 1696 bis 1708 erbaut und 1799 – wie der ganze Ort – von den Franzosen zerstört. Nach dem Wiederaufbau gilt das Kloster als eines der wichtigsten Kleinode der barocken Baukunst in der Schweiz. Die Kirche enthält mehrere sehenswerte Altäre, teilweise aus der Frührenaissance.

Von Disentis nach St. Moritz

Jetzt beginnt die andere Hälfte des Glacier Express, die von der Rhätischen Bahn betrieben wird. Der Weg führt am Rhein bis Chur und weiter über die Albulabahn ins Engadin. Ein Höhepunkt folgt auf den anderen. Nie waren Panoramawagen wichtiger.

Die Rhätische Bahn (RhB)

Himmelhohe Viadukte, verwirrende Kehrtunnels, kühne Strecken hoch über tiefen Tälern – die Rhätische Bahn zeichnet sich durch atemberaubende Kunstbauten aus und ist dafür auf der ganzen Welt berühmt. Und so wurden 2008 die Albula-Strecke und die Bernina-Bahn in das Welterbe der UNESCO aufgenommen.

Rechts:

Abenteuerliche Streckenführung
zwischen Bergün und Preda.
Mehrmals überquert der Zug die
Albula. Vor Sonderzügen kommen hier die legendären »Krokodile« des Typs Ge 6/6 zum
Einsatz.

Nachdem die Träume von einer internatio-
nalen Nord-Süd-Verbindung über den
Splügen- oder Lukmanier-Pass zugunsten der
Gotthard-Route ausgeträumt waren, begann die
Erschließung der Bündner Täler durch die meter-
spurige, 1889 eröffnete Landquart-Davos-Bahn.

Das Abenteuer Rhätische Bahn beginnt

Geplant war eine Weiterführung über den Sca-
letta-Pass ins Engadin, doch bevorzugte nicht
zuletzt die Bündner Regierung eine Verbindung
über Thusis, Filisur und den Albula. Am 1. Juli
1896 nahm die Rhätische Bahn – so hieß die LD
seit 1895 – den Betrieb bis Thusis auf, doch die
Bauarbeiten an den folgenden Abschnitten

gestalteten sich erheblich schwieriger. Zwischen
Thusis und Tiefencastel musste in dem ungün-
stigen Gelände der Schynschlucht eine Höhendifferenz von 153 Metern mit einem Gefälle von
2,5 % überwunden werden, was 14 Tunnels und
23 Brücken, darunter den 164 Meter langen und
89 Meter hohen Soliser Viadukt erforderlich
machte. Der Schmittentobel und die Landwas-
ser-Schlucht auf dem Abschnitt Alvaneu–Filisur
wurden mit imposanten Steinbogenbrücken
überwunden, wobei die Bauzeit für den Landwasser-Viadukt 18 Monate betrug. Oberhalb von
Filisur musste die Steigung auf 3,5 % erhöht werden, und man legte Kehrtunnel und Schleifen
an, um die Rutschhänge und Lawinenzüge zu
meistern. Auch zwischen Bergün und Preda

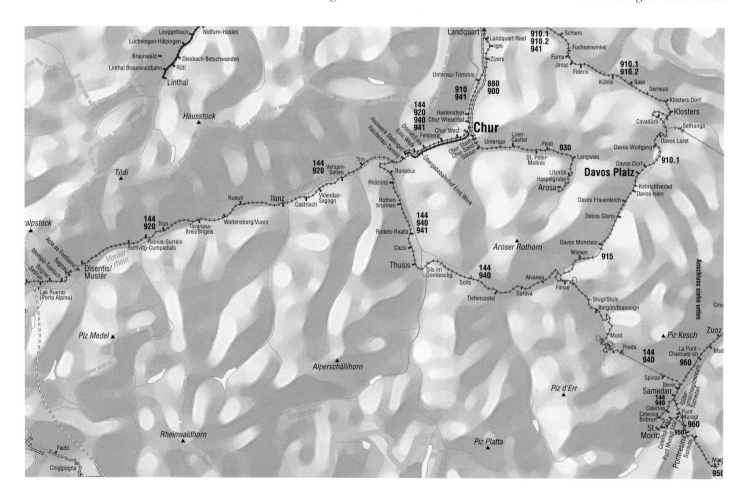

mussten Kehrtunnel und Schleifen eingeplant werden, um die Strecke künstlich zu verlängern und das Gefälle in einem Maß zu halten, das noch einen Adhäsionsbetrieb erlaubt. Diese Strecke kann man im offenen Aussichtswagen oder bei einer Wanderung auf dem Bahnlehrpfad bewundern. Im Oktober 1898 begannen die Arbeiten am Albula-Tunnel. Das folgende Val Bever ist stark lawinengefährdet, so dass man die Strecke auf einem Damm anlegte. Der Abschnitt Bever–Samedan bot keine Schwierigkeiten, und Celerina wurde am 1. Juli 1903 erreicht. Da man sich in St. Moritz nicht auf den Standort des Bahnhofs einigen konnte, erreichte der Eröffnungszug erst am 10. Juli 1904 den Ort.

Die Bauarbeiten an der 56 km langen Engadiner Linie Pontresina–Samedan–Scuol-Tarasp begannen im Juni 1906, der Eröffnungszug verkehrte am 1. Juli 1913, und zwar mit elektrischer Traktion. Der elektrische Betrieb bewährte sich so gut, und die Kohlenknappheit im Ersten Weltkrieg beeinträchtigte den Betrieb auf der Albula-Linie derartig, dass die RhB im Mai 1918 beschloss, auch die Albula-Linie zu elektrifizieren. Im April 1920 war die Strecke zwischen St. Moritz und Thusis fertig, und 1921 der Rest bis Chur.

Gleichstrom-Linien

Die zunächst nur für den Sommerbetrieb gedachte, 61 km lange Bernina-Bahn St. Moritz–Pontresina–Tirano (Italien) nahm als selbständige Bahngesellschaft den Verkehr im Juli 1910 auf. Von Anfang an kamen elektrische Fahrzeuge zum Einsatz, die mit Gleichstrom von 700, später 1.000 Volt versorgt wurden. Ab 1913/14 war auch der Winterbetrieb möglich, und 1943 bedeutete eine Fusion mit der RhB die letzte Rettung für die Bahngesellschaft, die unter großen finanziellen Schwierigkeiten litt. Ebenfalls als selbständige

Rechts:

Das Rollmaterial der Rhätischen Bahn war anfangs dunkelgrün Lackiert. Die endgültige Umstellung auf die rote Farbe erfolgte sukzessive bis 1990.

INFO

Auf dem 391 Kilometer langen Netz, das neben sehenswerten Viadukten und Tunneln auch den mit 19 km längsten Meterspurtunnel der Welt umfasst, verkehren mehrere berühmte Expresszüge: Glacier- und Bernina-Express sowie der Engadin Star (Landquart–Vereina–St. Moritz–Albula–Chur). Der »Snowliner« mit geschlossenen und der »Railrider« mit offenen Aussichtswagen machen das Bahnfahren zwischen Bergün und Preda zum Erlebnis.

Bahn, und zwar als erste Gleichstrombahn Europas mit 1.500 Volt, wurde am 27. Juli 1907 die 31,3 km lange Ferrovia Elettrica Bellinzona–Mesocco in Betrieb genommen. Da sich die Verbindung Mesocco–San Bernardino–Thusis nicht realisieren ließ, führte die Linie, die mehrmals von Unwettern heimgesucht und 1942 von der RhB übernommen wurde, ein »Inseldasein«. Am 28. Mai 1972 wurde der Personenverkehr auf die Straße verlagert und der Abschnitt Bellinzona–Castione-Arbedo stillgelegt. Seit einem schweren Unwetter im Jahre 1978 ist der Güterverkehr auf die Strecke Castione-Arbedo–Cama beschränkt, wo seit einiger Zeit im Sommer eine interessante, privat betriebene Museumsbahn verkehrt.

Die dritte ehemals selbständige Bahn ist die 26 km lange Chur–Arosa-Bahn, die zu Beginn mit Gleichstrom von 2.400 Volt verkehrte und am 12. Dezember 1914 eröffnet wurde. Die Linie verfügt über etliche sehenswerte Kunstbauten, vor allem Viadukte. 1942 fusionierte die Bahngesellschaft mit der RhB, und am 29. November 1997 wurde das Stromsystem auf Wechselstrom von 11 kV und 16,7 Hz umgestellt, der auf dem Stammnetz üblich ist. Dies brachte erhebliche betriebliche Vereinfachungen, auch wenn die Züge noch immer wie eine Straßenbahn durch Chur rollen.

Die Oberländer Linie

Die Oberländer Linie Reichenau-Tamins–Disentis wurde in zwei Etappen eröffnet: am 1. Juni 1903 bis Ilanz, am 1. August 1912 bis Disentis. Hier war wieder das Können der Ingenieure gefragt, da die Trasse in der steinschlag- und hochwassergefährdeten Rheinschlucht in unmittelbarer Nähe des Flusses verläuft und manche Brücken im weiteren Verlauf umfangreiche Sicherungsmaßnahmen erforderten.

Zwischen Kunst und Sport: Disentis–Ilanz

In Disentis übergibt die Matterhorn Gotthard Bahn den Glacier Express am Fuß des berühmten Klosters an die Rhätische Bahn. Rätoromanisch heißt der Ort Mustér. Hier ist eines der wichtigsten Zentren der rätoromanischen Kultur. Das Kloster des Kurorts besitzt ein überregional bekanntes Bildungszentrum und ein interessantes Museum.

In Disentis (Bahnkilometer 72,875) werden, wie bereits erwähnt, die Glacier-Express-Züge umrangiert: Vor allem tauscht man die Triebfahrzeuge aus, da die Adhäsionsloks der RhB die Zahnstangenstrecke nicht befahren können und die MGB-Loks in der Regel nicht über Disentis hinaus verkehren, obwohl dies technisch möglich wäre. Für Gruppenreisende gibt es häufig einen Aufenthalt zum Mittagessen, wenn die Plätze im Speisewagen nicht ausreichen.

RhB-Kunstbauten noch und noch...

Die neue Ausfahrweiche liegt bereits auf der Gefällstrecke nach Sumvitg-Cumpadials hinunter, und zwar auf einer Brücke über die Straße. Auf die kleinen Stationen Sumvitg-Cumpadials, wo nach der Modernisierung des Bahnhofs Disentis eine Drehscheibe eingebaut wurde, und Rabius-Surrein folgen Trun (852 m; drei Bahnhofs- und drei Abstellgleise) und Tavanasa-Breil/Brigels (788 m; drei Gleise). Dieser Streckenabschnitt weist verschiedene Kunstbauten auf, so den Sogn-Placi-Viadukt, der 1984 von einer Lawine weggerissen wurde und neu erstellt werden musste. Außerdem befährt der Zug den Val-Lumpegna-Viadukt – eine Kombination aus Lehnenviadukt und Talübergang, der eine Lawinenwarnanlage mit Signalen besitzt – sowie den vierbogigen Russein-Viadukt, dessen Pfeiler auf lockerem Boden stehen, was umfangreiche Befestigungen erforderte.

Von Tavanasa führt eine Stichstraße nach Breil (1.283 m) – auch Brigels genannt –, das auf einer Terrasse über dem Vorderrheintal liegt und über gute Wintersportmöglichkeiten verfügt. Der kleine Ort besitzt eine interessante Kirche mit kostbaren Fresken aus dem 14./15. Jahrhundert, und in der Umgebung gibt es drei beachtenswerte alte Kapellen sowie die Ruine der frühmit-

INFO

Ilanz, die erste Stadt am Rhein mit einem sehenswerten mittelalterlichen Ortskern, ist der Verkehrsknotenpunkt in der unteren Surselva und erschließt eine Region, die hervorragende Möglichkeiten für Sommer- wie Winterferien bietet. Die »Weiße Arena«, die von Flims, Laax und Falera mit leistungsfähigen Seilbahnen zu erreichen ist, bietet für jeden Geschmack etwas, etwa eine 14 km lange Abfahrt und 60 km Langlaufloipen.

» Im Herbst ist die Sicht in der Surselva meist klar, so dass man bis weit hinunter ins Tal sehen kann. Der Zug schlängelt sich zwischen Disentis und Sumvitg dem linken Talhang entlang und überquert auf seinem Weg nach Ilanz, der ersten Stadt am Rhein, den Vorderrhein an mehreren Stellen. «

telalterlichen Kirchenburg Jörgenberg. Die Namen der nächsten Bahnhöfe verraten, dass in dieser Region ein Dialekt des Rätoromanischen, der vierten Landessprache der Schweiz, gepflegt wird: Vuorz (Waltensburg), Rueun, Schnaus-Strada heißen die Stationen; letztere wird im öffentlichen Personenverkehr nicht mehr bedient, während eine Baufirma das Anschlussgleis nutzt. Bei Bahnkilometer 43,7 besteht der Anschluss »Valser Wasser«, wo das Mineralwasser, das Lastwagen von Vals nach Ilanz bringen, in Schiebewandwagen der RhB umgeladen und nach Unter-

vaz transportiert wird. Seit 1983 befördert die RhB täglich bis zu 230.000 Liter Mineralwasser, wozu eine Zeitlang auch die von der FO geliehene HGe 4/4 I Nr. 37 eingesetzt wurde.

Erste Stadt am Rhein und alpine Ausflüge

Ilanz (698 m) besitzt vier Bahnhofs- und vier Abstellgleise und ist in der unteren Surselva der zentrale Umsteige-Knotenpunkt zwischen der Bahn und den auf den Taktfahrplan der RhB ausgerichteten Postauto-Kursen. In Ilanz sind meh-

Linke Seite und oben:
Die 1999 in Dienst gestellte Ge 4/4 III Nr. 651 der RhB passiert mit dem Glacier Express die hübsche Gemeinde Trun. Links ist die Kapelle S. Catrina im westlich gelegenen Campliun zu sehen, oben der Ortskern mit der Pfarrkirche St. Martin.

rere Traktoren Tm 2/2 aus den Fünfzigerjahren für den Rangierdienst und die Übergabefahrten zum Anschluss »Valser Wasser« beheimatet. Die erste Stadt am Rhein mit dem romanischen Namen »Glion« wird 765 erstmals urkundlich erwähnt und besitzt die Stadtrechte seit 1289. Dass der alte Marktort in früheren Jahrhunderten eine große Bedeutung besaß, verdeutlichen die Reste der spätmittelalterlichen Stadtbefestigung. Außerhalb des Ortes liegt die Kirche St. Martin, die ursprünglich zu einem Kirchenkastell gehörte, während der heutige Bau aus dem 14. Jahrhundert stammt. Von hier hat man einen fantastischen Blick auf die Stadt Ilanz.

Lohnend ist ein Ausflug in das hochalpine Valser Tal, ein ideales Erholungsgebiet mit der bekannten Mineralquelle und einem modernen Thermalbad. Die auf einer Sonnenterrasse gelegenen Ferienorte Flims, Laax und Falera, die ab Ilanz von Postautos bedient werden, besitzen mit dem Vorabgletscher (2.570 m) ein Ganzjahres-Skigebiet, die 140 km² große »Weiße Arena«, die von 33 Bergbahnen erschlossen wird und 56 Pisten mit einer Gesamtlänge von 220 km aufweist. Dazu kommen zwei Rodelbahnen und 60 km Langlaufloipen sowie im Sommer eine Gleitschirmflugschule und herrliche Wanderwege. Flims besitzt auch einen guten Ruf als Luftkurort, weil es in einer weiten windgeschützten Mulde unter den Felsen des Crap da Flem liegt. Im Sommer ist eine Fahrt zum Cassonsgrat (2.637 m) lohnend, einem Bergrücken, der dem Trinser Horn (3.028 m) vorgelagert ist und eine herrliche Aussicht bietet.

Am Haken der Ge 4/4 III Nr. 645 aus dem Jahr 1994 fahren die vereinigten Züge 905 und 907 am 3. Oktober 2009 bei Disla durch die Surselva.

Durch den Grand Canyon der Schweiz: Ilanz–Reichenau

Hoch über der Schlucht erheben sich jene Berge, von denen sich der größte erdgeschichtliche Bergsturz Europas löste. Vor etwa 14.000 Jahren donnerten mehr als 15 Milliarden Kubikmeter Gestein ins Tal und bildeten damit das heutige Hochplateau und mit der Zeit die tiefe Ruinaulta. Der Name ist rätoromanisch und bedeutet nichts anderes als »Rheinschlucht«.

Zwei Kilometer nach Ilanz gibt es die Station Castrisch (705 m ü.M.; Bahnkilometer 40,738), die jahrelang zur Haltestelle mit einem Stumpengleis reduziert worden war. Um Ilanz von Zugkreuzungen zu entlasten und den Taktfahrplan zu stabilisieren, wurde sie 1994 ausgebaut und weist nun eine Kreuzungslänge von 360 m auf. Am 17. Dezember 1968 hat sich in Castrisch ein schwerer Unfall ereignet, als das RhB-«Krokodil« Nr. 410 mit einem Fahrleitungs-

Turmwagen zusammenstieß, wobei leider ein Todesopfer zu beklagen war.

Die Ruinaulta

Nach dem Bahnhof verengt sich das Tal zusehends, denn der Zug fährt in die wildromantische, rund 15 km lange Rheinschlucht, auf Rätoromanisch die »Ruinaulta« ein. Hier hat sich vor Jahrtausenden der größte Bergsturz der Alpen ereignet, und der Fluss gräbt sich Jahr für Jahr tiefer in das Gestein ein, so dass bis zu 300 m hohe weiße Felswände und Felstürme aufragen. Was die Fahrgäste immer wieder begeistert und die Fotoapparate klicken lässt, bedeutet für die RhB große finanzielle Aufwendungen, um die umfangreichen Schutzbauten zu unterhalten und die Sicherheit der Strecke zu gewährleisten. Denn die Linie wird einerseits von Steinschlag und Bergrutschen bedroht, vor denen die massiven Steinschlaggalerien beispielsweise beim Bahnhof Valendas-Sagogn einen gewissen Schutz bieten. Doch kommt es ab und zu vor, dass eine Lok auf einen Felsbrocken auffährt. Andererseits bedroht vor allem im Frühjahr Hochwasser die Trasse mit

Ge 4/4 II Nr. 615 mit dem Taufnamen »Klosters« bahnt sich ihren Weg durch die wildromantische Ruinaulta.

Unterspülungen, denen die RhB durch solide Stützmauern zu begegnen versucht.

Außer mit dem Zug kann die Rheinschlucht nur zu Fuß auf herrlichen Wanderwegen oder mit dem Boot durchquert werden, wobei erfahrene Guides die Zehn-Personen-Schlauchboote zwischen Ilanz und Versam durch die Schlucht steuern und den Mitrudernden auf einer Sandbank bei einem Picknick auch eine Erholungspause gönnen. Die Kanuschule Versam bietet außer dem River-Rafting auch Schulungsmöglichkeiten auf Kajaks an.

Zwei Straßen umfahren die Ruinaulta: Die Hauptstraße befindet sich auf den nördlichen Anhöhen und berührt die bereits erwähnten Ferienorte Flims, Laax und Falera. Die weitaus interessantere Variante ist die alte »Versamer Straße« am südlichen Hang, doch ist sie nur geübten Autofahrern anzuraten. Beide Straßen treffen sich in Ilanz und verlaufen dann weiter in Richtung Disentis und Oberalppass. Da die Orte erhöht an den Talflanken liegen, haben die Bahnhöfe Valendas-Sagogn, Versam-Safien und Trin nur für Wanderer oder als Kreuzungspunkte eine Bedeutung.

Übergabe im Provinzbahnhof

Kurz vor Reichenau-Tamins überquert die Oberländer Linie auf einer alten Stahlbrücke den Vorderrhein, trifft kurz danach auf die von rechts kommende Albula-Strecke, vereinigt sich mit dieser, kreuzt auf einer weiteren sehens- und foto-

Oben:
Ge 4/4 III Nr. 647 mit Bankenwerbung befährt die Rheinschlucht bei Trin.

Folgende Doppelseite:
Großes Bild:
Spektakuläre Bilder der Ruinaulta bleiben jedem im Gedächtnis haften, der einmal durchgefahren ist.

Kleines Bild:
Während die Autostraße abseits verläuft, windet sich das Gleisbett am Fluss entlang.

grafierenswerten Stahlbrücke den Hinterrhein und mündet in den Bahnhof Reichenau-Tamins. Die umfangreichen Anlagen mit mehreren Abstell- und Industriegleisen wurden wiederholt umgebaut, erstmals 1902/03 anlässlich der Eröffnung der Strecke nach Ilanz. Während die Züge der Oberländer Linie zunächst in Reichenau wendeten, wurden sie 1904 bis Chur verlängert. Seit 1961 endet die aus Chur kommende Doppelspur im Bahnhofsbereich, wobei alle Reisezüge die Gleise 3 und 4 am Mittelperron benutzen, der über eine Unterführung zu erreichen ist. Die weiteren drei Bahnhofsgleise sind Güterzügen oder Rangier-Kompositionen vorbehalten. Für die Glacier-Express-Züge hat Reichenau-Tamins in der Vergangenheit eine größere Bedeutung, weil dort Kurswagengruppen umgehängt wurden: Im Winter fand in der Station die Übergabe des Kurswagens von/nach St. Moritz statt, eines Panoramawagens der FO, zu dem sich an Wochenenden ein RhB-Wagen 2. Klasse gesellte. Im Sommer machte neben dem »Alpine Classic Pullman Express« der aus St. Moritz kommende Glacier Express in Reichenau »Kopf« – das heißt hier wechselte er die Fahrtrichtung und die Lok.

In die rhätische Hauptstadt: Reichenau–Chur

Chur, die älteste Stadt der Schweiz, ist der Hauptort Graubündens, außerdem ein wichtiger Verkehrsknotenpunkt mit einer guten touristischen Infrastruktur. Chur besitzt eine sehenswerte Altstadt sowie mehrere Museen und gilt als Tor zu den vielen bekannten Ferienzentren im größten Schweizer Kanton, die hervorragende Erholungs- und Sportmöglichkeiten im Sommer wie Winter anbieten.

Gemütliche Gassen mit Laternen und Blumenschmuck laden in der Stadt Chur zum Spaziergang ein. Chur, Hauptort Graubündens, ist ein wichtiger Verkehrsknoten von SBB und RhB.

INFO

Ein Stadtrundgang durch Chur, der z.B. am Postplatz beginnt und durch die engen Altstadt-Gassen zwischen Bischöflichem Hof und Plessur führt, ist sehr lohnend. Auch die Kathedrale, die Kirche St. Luzi (12. Jahrhundert) beim ehemaligen Prämonstratenserkloster und das Rätische Museum sind einen Besuch wert. Um die Altstadt gruppiert sich das moderne Chur, das in jeder Hinsicht die »Metropole« Graubündens mit guter touristischer Infrastruktur ist und interessante Ausflugsmöglichkeiten bietet z.B. nach Bad Passugg, Praden und Tschiertschen.

Wegen des hohen Verkehrsaufkommens baute die RhB den Abschnitt Reichenau–Chur (als einzige Strecke) 1961 auf Doppelspur aus. In Domat-Ems wird das südliche Gleis der Doppelspur sogar zum Dreischienengleis, weil sich dort das international tätige Werk der Ems-Chemie befindet, in dem Kunststoffe und Kunstfasern hergestellt werden, und außerdem ein großes Holzwerk.

Das Dreischienengleis

Vom Aufwand her wäre es nämlich nicht zu rechtfertigen gewesen, die Produkte und Rohstoffe für eine so kurze Strecke in meterspurige Güterwagen umzuladen oder die Normalspur-Güterwagen auf Rollschemeln zu transportieren. Da die SBB-Loks, die eigentlich eine Betriebsspannung von 15 kV gewohnt sind, auch unter der RhB-Spannung von 11 kV verkehren können, haben sich entlang der Strecke weitere Industriebetriebe angesiedelt, die ebenfalls mit Dreischienengleisen erschlossen werden. Aus diesem Grunde erfuhr auch der Bahnhof Felsberg einen entsprechenden Umbau.

Wenn die Züge nach Chur (584 m ü.M.) einfahren, befinden sich in Fahrtrichtung links auf dem Gleisvorfeld zwei Abstellgruppen für die RhB-Wagen und rechts auf der »SBB-Seite« die Einmündung des Dreischienengleises von Domat-Ems. Wenn man genau hinsieht, entdeckt man auch die Abzweigung des dreischienigen Industriestammgleises »Maduzengut« der Stadt Chur und die Übergaberampe für Rollschemel. Die RhB-Züge von / nach St. Moritz werden auf Gleis 11 abgefertigt, weil das SBB-Gleis 10 am gleichen Bahnsteig für die Züge nach / von Zürich-Basel reserviert ist. Der Glacier Express und die durchgehenden Regio-Express-Züge Disentis–Chur–Landquart–Kloster-Scuol–Tarasp verkehren ab Gleis 12 (oder 13), während Gleis 14 nur bei »Großandrang« benutzt wird. Daneben befinden sich mehrere Abstellgleise sowie eine Lokremise. Der Bahnhof Chur besitzt für den nationalen wie internationalen Verkehr eine große Bedeutung, und auf der neu angelegten Plattform über den Bahnhofsgleisen fahren die Postbusse in alle möglichen Richtungen ab.

Chur, die älteste Stadt der Schweiz, hat eine lange Siedlungsgeschichte: Die frühesten Funde stammen aus der Jungsteinzeit. Nach der Eroberung Rätiens (15 v. Chr.) bauten die Römer eine Militärstation. Die »Curia Raetorum« sicherte die Bündner Alpenpässe, wurde 284 Hauptstadt der Provinz »Raetia Prima« und 451 Bischofssitz. Während des »Heiligen Römischen Reiches Deutscher Nation« waren die Churer Bischöfe Reichsfürsten und mächtige Landesherren, im 15. Jahrhundert löste sich die Stadt vom Bistum, 1523 erfolgte die Reformation und 1803 der Beitritt von »Alt fry Rätien« zur Eidgenossenschaft.

Im Norden der 151 Meter langen Stahlbrücke bei Reichenau fließen Hinter- und Vorderrhein zusammen. Gerade unternimmt ein historischer Dampfzug der Rhätischen Bahn mit seinen Passagieren einen Ausflug. Die »Engiadina« Nr. 108 ist eine 1'D-Heißdampflok, die bei der RhB bereits seit 1906 Dienst tut.

Ein Ausflug nach Arosa

Der umgestaltete Vorplatz des Churer Bahnhofs bildet mit den Gleisen 1 und 2 den Ausgangspunkt für die Chur–Arosa-Bahn (ChA). In östlicher Richtung schließt sich eine Rangier- und Abstellgruppe an; dort gibt es ein Verbindungsgleis zum RhB-Stammnetz, das in Richtung Landquart die SBB-Strecke kreuzt.

Mit 11.000 Volt in den Kurort Arosa

Die ChA nahm als eigenständige Bahngesellschaft 1914 den Betrieb mit elektrischer Traktion und der relativ hohen Gleichspannung von 2.400 V auf, 1942 fusionierte sie mit der RhB. Die 26 km lange Strecke mit einer maximalen Neigung von 6 % wurde in den Neunzigerjahren vor allem mit drei Pendelzügen bedient, die mit den Triebwagen ABDe 4/4 Nrn. 481–486 beziehungsweise ABe 4/4 Nrn. 487–488 häufig in Doppeltraktion bespannt

waren. In der winterlichen Hochsaison kamen die alten Bernina-Triebwagen ABe 4/4 Nrn. 30–34 als Verstärkung zum Einsatz.

Ende November 1997 erfolgte die Umstellung auf Wechselstrom von 11 kV und 16,7 Hz, und seither werden die (Pendel-) Züge von Lokomotiven des Typs Ge 4/4 II gezogen. Nach der Umstellung verkehrte eine Zeitlang der »Arosa-Express« mit fröhlich lackierten, blauen Wagen. Übrigens wurden die Triebwagen ABDe 4/4 Nrn. 484 und 486 an die französische Chemin de fer St. Georges-de-Commiers–La Mure und die ABe 4/4 Nrn. 487–488 an die Chemins de fer du Jura (CJ) verkauft.

Erlebnisreiche Fahrt über der Schlucht

Der erste Teil der Fahrt geht durch die Straßen von Chur, vorbei am Obertor, einem Teil der ehe-

Noch vor 150 Jahren lag Arosa mit nur 56 Einwohnern wohl am »Ende der Welt«. Der Aufschwung kam mit dem Bau von Straße und Bahn. Heute bieten sich dem Besucher über 200 Kilometer Wanderwege. Viele davon dürfen auch mit dem Bike befahren werden.

malingen Stadtbefestigung, und am Plessurquai entlang, bevor die eigentliche Strecke beim alten Depot Sand beginnt. Obwohl das Projekt, im Stadtgebiet einen Tunnel zu bauen und einen neuen Bahnhof unter den bestehenden RhB-Gleisen 11–14 anzulegen, in einer Volksabstimmung genehmigt wurde, konnte das Vorhaben aus finanziellen Gründen bisher nicht realisiert werden. Im Sassal verläuft die Strecke, die sich parallel zur Plessur durch die Gegend schlängelt, in einer besonders schwierigen Topographie. Der Bündner Schiefer ist nämlich sehr brüchig, so dass die Bahn mit massiven Galerien geschützt werden muss.

Wo der Bergdruck zu stark ist, setzte man statt Mauerviadukten lieber Eisenbrücken ein, weil sich diese leichter reparieren lassen. Die Brücke über den Castieler Tobel mündet nicht nur unmittelbar in einen Tunnel, sondern sie wird im Abstand von Jahrzehnten jeweils ein Stück weiter in diesen hineingezogen, weil sich die Betonfundamente von zwei Brückenpfeilern in einem Kriechhang befinden, der sich pro Jahr etwa 10 mm abwärts bewegt. Die Bahn befährt nicht nur

die düsteren Plessur-Schluchten, sondern auch sonnige Hänge, etwa bei Peist. Das imposanteste Bauwerk der Linie ist sicher der 287 Meter lange und 62 Meter hohe Langwieser Viadukt, der schon früh als Eisenbeton-Konstruktion erstellt wurde. Unter dem Viadukt, dessen Hauptbogen eine Spannweite von 100 Metern hat, vereinigen sich die Plessur und der Sapünerbach. Der mit 1.742 Metern höchste Punkt der Linie ist zugleich der Endpunkt, nämlich der Bahnhof von Arosa, von dem aus man einen schönen Blick auf Furkahörner, Amselfluh und Schießhorn hat.

Der Ort, der von Chalets und Hotels geprägt ist, hat sich aufgrund seiner klimatisch bevorzugten Lage und einer Umgebung, die für Wanderungen und den Skisport sehr gut geeignet ist, zu einem international bekannten Sommer- und Wintersportzentrum entwickelt. In Innerarosa (1.895 m) lohnen das »Bergkirchli« von 1492 und das Heimatmuseum einen Besuch. In der Nähe des idyllischen Obersees befindet sich die Talstation der Seilschwebebahn zum Weißhorn (2.653 m), das eine herrliche Aussicht in die Bündner Alpen bietet.

Links:

Der Langwieser Viadukt ist der größte Brückenbau der RhB. Er wurde schon 1912 bis 1914 in Betonbauweise errichtet. Damals eine Sensation und noch heute ein echter Hingucker.

Rechts:

Edelweiß und Blau als »Hausfarbe« nicht nur auf dem Arosa-Express, sondern auch auf den Großkabinen der Weißhorn-Bahn.

Im Domleschg, wo die Ritter wohnten: Chur–Thusis

Das untere Domleschg ist reich an Burgen und Ruinen. Unzerstört blieb Schloss Ortenstein, das weiterum sichtbar auf einem Hügel bei Tomils thront.

Im heutigen Konzept verkehren die meisten Glacier-Express-Züge über Chur, weil für die Zahnradstrecken Vorschriften hinsichtlich der Zusammenstellung der Kompositionen zu beachten sind: So dürfen die Speisewagen-Oldtimer ohne Bremszahnrad nur hinter der Lok verkehren. Die aufwendigen Rangierarbeiten werden in Chur erledigt, um Disentis zu entlasten. Die aus Zermatt kommenden Kurswagen verkehren in der Regel mit planmäßigen Schnellzügen nach St. Moritz.

Burgen und Ruinen

Die Strecke Chur-Reichenau wird also in der Regel zweimal befahren, doch nach der 151 Meter langen Eisenbrücke biegt die Albula-Linie mit einer langen Schleife in das Domleschg, das »Rhätische Burgenland« mit 20 Schlössern, Wehrbauten und Burgruinen ein. Auf Bonaduz folgt Rhäzüns, das wegen seines Mineralwassers, des Schlosses und der Kirche Sogn Gieri mit einer gut erhaltenen, aus dem 14. Jahrhundert stammenden Ausmalung bekannt ist. In dem Schloss aus dem 13. Jahrhundert residierten von 1497 bis 1815 Herren, deren Herrschaftsbereich eine österreichische Exklave mitten im Bündnerland bildete.

In Rothenbrunnen (622 m) gibt es neben dem selten benutzten Anschlussgleis zur Zentrale des Kraftwerkes Zervreila auch ein Industriegleis, das 1997 zur Erschließung des Gewerbegebietes Unterrealta angelegt wurde. Die Burgruine Nieder-Juvalta und das mächtige, auch heute noch bewohnte Schloss Ortenstein bei Tomils faszinieren die Fahrgäste. Oberhalb von Cazis liegt ein Dominikanerinnen-Kloster, der wohl älteste Klosterbetrieb der Schweiz. Auf der Fahrt bis Thusis sind weitere interessante Bauten zu entdecken, und die malerischen Rheinauen laden zum Wandern ein.

Thusis (697 m) besitzt sowohl für den Personen- als auch für den Güterverkehr eine große Bedeu-

tung, und die Anlagen wurden von 1990 bis 1993 grundlegend modernisiert, wobei auch ein niveaufrei zugänglicher Mittelperron entstand. Bis Thusis können die RhB-Rollschemel mit normalspurigen Güterwagen verkehren. Von der modernen Postautostation gegenüber dem RhB-Bahnhof verkehren Linien in alle mögliche Richtungen, etwa nach Andeer– San Bernardino, wo vor dem Ersten Weltkrieg eine Meterspurbahn geplant war, die jedoch nicht gebaut wurde. Im Winter besteht in Thusis eine Autoverladung nach Samedan.

Während Thusis selber nur wenige alte Gebäude besitzt, weil es mehrmals durch Großbrände zerstört wurde, lädt zum Beispiel die Viamala zu einem hochinteressanten Ausflug ein: Bereits im Jahre 401 ist ein römisches Heer über diesen Weg gezogen, der Ausbau der ersten Straße ist für 1473 verbürgt, und die zweite Straße folgte 1739. Doch wurden die Straßen und Brücken immer wieder

durch Hochwasser oder Steinschlag zerstört, bis man Galerien und Tunnels anlegte. Die Burg Hochrätien am Eingang zur Viamala ist sehenswert, gleichfalls die in den Fels geritzten Zeichnungen am Crap Carschenna.

Oben:
Ge 4/4 III Nr. 649 im Domleschg.

Unten:
Eine prächtige Wiese bei Bonaduz.

Vom Bau der Albulabahn

Heute kann man nur noch erahnen, welches technische Meisterwerk mit dem Bau der Albulabahn vor hundert Jahren erbracht wurde. Das Oberbaumaterial musste teilweise mit Fuhrwerken zu den Baustellen befördert werden. Wenn man nur die größeren mitzählt, wurden 55 Viadukte errichtet. 39 Tunnelbauten trieben die Baukosten nach oben. 1904 wurde die Albulabahn feierlich eröffnet.

Die 63 Kilometer lange Albula-Bahn Thusis–Filisur–Bergün–St. Moritz zählte neben der Strecke Reichenau–Disentis zu den »Prioritätslinien« der RhB, die nach der »Stammstrecke« Landquart–Davos und deren Verlängerung über Chur nach Thusis in Angriff genommen wurden.

Beachtliche Steigung ohne Zahnstange

Die Bauarbeiten begannen im Oktober 1898, die Eröffnung erfolgte am 10. Juli 1904 und die Elektrifizierung am 15. Oktober 1919. Von Thusis bis zum Scheitelpunkt des Albula-Tunnels überwindet die Strecke den beachtlichen Höhenunterschied von 1.123 Metern, danach fällt sie bis Samedan um 115 Meter und steigt nach St. Moritz nochmals 69 Meter an. Um diese Höhendifferenzen ohne Zahnstange überwinden zu können, mussten zahlreiche Streckenverlängerungen und Kunstbauten angelegt werden, die die Linienführung einer Achterbahn gleichen lassen. Die Baukosten – ohne Rollmaterial – beliefen sich auf durchschnittlich 390 Franken pro laufender Meter Schienenstrang. Die Strecke bis Celerina konnte bereits am 1. Juli 1903 eröffnet werden, doch verzögerte sich das Schlussstück,

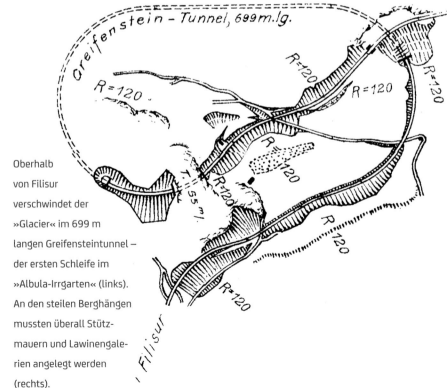

Oberhalb von Filisur verschwindet der »Glacier« im 699 m langen Greifensteintunnel – der ersten Schleife im »Albula-Irrgarten« (links). An den steilen Berghängen mussten überall Stützmauern und Lawinengalerien angelegt werden (rechts).

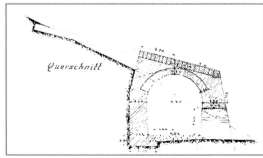

94

weil sich Bahn und Gemeinde nicht auf den Standort des Bahnhofs in St. Moritz einigen konnten, so dass der Bundesrat entscheiden musste.

Hauptinitiator und Förderer des Bahnbaus in Graubünden war der Niederländer Willem Jan Holsboer (1834–1898), der eine »Bilderbuch-Karriere« durchlief: Er brachte es vom Schiffsjungen zum Kapitän, später vom Kaufmann zum Direktor einer Londoner Bank. 1867 kam er mit seiner kranken Frau nach Davos, wo er das erste Kurhaus gründete und leitete. Um den Ort an die »große, weite Welt« anzuschließen, initiierte er den Bau der Linie Landquart–Davos und setzte

sich für eine Weiterführung ins Engadin ein. Leider erlebte er die Fertigstellung der Albula-Bahn nicht mehr, da er am 8. Juni 1898 einem Schlaganfall erlag.

Interessanterweise ließ die RhB auf der Albula-Strecke kaum Eisenbrücken bauen, weil sie dem Grundsatz folgte, Naturstein-Viadukte zu erstellen, da diese hinsichtlich Verschleiß, Witterungsbeständigkeit und Dauerhaftigkeit besser als die Eisenbrücken abschnitten. Außerdem konnte das Baumaterial in der Nähe in Steinbrüchen gewonnen werden, was Transportkosten sparte.

Die Zimmerleute haben ganze Arbeit geleistet. Der Bogen über die Schynschlucht beim Richtfest. Jetzt haben die Maurer das Sagen. 1902 sollte der Soliser Viadukt fertig gestellt werden. In einer Höhe von 89 Metern erhebt er sich über der Albula.

INFO

Beim Bau der Albula-Linie waren bis zu 5.300 Arbeiter unter der Leitung des bekannten Ingenieurs Fritz Hennings beschäftigt, denn es mussten in elf Bausektionen 55 größere Viadukte mit einer Gesamtlänge von 2.700 Metern und 39 Tunnel, außerdem Mauern, Galerien und Rampen angelegt werden. Die 60 Kilometer lange Strecke mit einer Bauzeit von fünf Jahren überwindet eine Höhendifferenz von mehr als 1.100 Metern.

Die Schwierigkeiten, die beim Bau der Strecke zu überwinden waren, darf man nicht unterschätzen, und sie stürzten manches Bauunternehmen in den Ruin. Ein Beispiel ist der 660 Meter lange Rugnux-Kehrtunnel, bei dem große Mengen von sehr kaltem Bergwasser die Vortriebsarbeiten stark behinderten, denn das Wasser hatte sommers wie winters eine Temperatur von nur 4°, so dass die Mineure ihre Arbeiten nur mit Mühe ausführen konnten.

Durch Tunnel in den finanziellen Ruin

Das mit den Bauarbeiten beschäftigte Unternehmen geriet in finanzielle Schwierigkeiten und musste den Vortrieb einstellen. Den Tunneldurchschlag übernahm dann die Regiebauleitung des Albula-Tunnels, der gleichfalls erhebliche Probleme machte. Die Arbeiten am sechs Kilometer langen Albula-Durchstich dauerten vier Jahre,

wobei auf den Baustellen bei Preda und Spinas je 500–600 Arbeiter beschäftigt waren und die Baukosten laut Schlussabrechnung 7,2 Millionen Franken betrugen. Zunächst wurde ein Richt- oder Sohlstollen zur Absteckung der Tunnelrichtung und Entwässerung des Gebirges vorgetrieben, danach erfolgte die Ausweitung des Firststollens oder der Kalotte, wobei der Holzeinbau ständig angepasst werden musste, und schließlich erfuhr der Sohlstollen eine Ausweitung auf das volle Profil von 19,9 m², was mit dem Ausmauern der Widerlager und der Schalung des Gewölbes verbunden war. Schwierigkeiten mit zu hartem oder bröckeligem Gestein, Tunneleinstürze und Wassereinbrüche behinderten die Arbeiten massiv und zwangen das italienische Bauunternehmen zur Aufgabe. Die RhB konnte die Arbeiten in eigener Regie erfolgreich beenden, doch forderten die Bauarbeiten insgesamt 16 Menschenleben.

Rechts:

Als besondere »Knacknüsse« erwiesen sich die noch heute kühn wirkenden Viadukte über die Schynschlucht (Seite 95) und die Landwasser.

Rechte Seite oben:

Der Jubel war groß, als am 29. Mai 1902 der Durchschlag des 5.854 Meter langen Albulatunnels gefeiert werden konnte.

Rechte Seite unten:

Ein begeistertes Publikum empfing am 1. Juli 1903 den Eröffnungszug in Samedan.

Berge, Burgen und Viadukte: Thusis–Tiefencastel

Weiter geht es durch das Domleschg nach Tiefencastel. Zu den absoluten Höhepunkten dieses Teilstücks gehört der 164 Meter lange und 89 Meter hohe Soliser Viadukt, dessen Hauptbogen eine lichte Weite von 42 Metern misst. Tief unten brodelt die Albula in der Schynschlucht. Hier kann man auf die Autofahrer auf der parallel angelegten Brücke herunterschauen.

INFO

Thusis, das letztmals 1845 durch einen Brand zerstört wurde, bietet in seiner Umgebung gute Wander- und Wintersportmöglichkeiten und ist der ideale Ausgangspunkt für interessante Ausflüge: Auf einem Felsriegel bewacht die Burg Hochrätien den Eingang zur Viamala, und Crap Carschenna mit den in den Fels geritzten Zeichnungen liegt in der Nähe. Die Schynschlucht, die Rheinauen und das Domleschg mit seinen Burgen und Schlössern sind weitere attraktive Ausflugsziele.

Auf dem rund zwei Kilometer langen Abschnitt zwischen Thusis und Sils im Domleschg, das von der Burg Ehrenfels überragt wird, wurde durch die Erweiterung der Hinterrheinbrücke eine Doppelspurinsel geschaffen, die fliegende Zugkreuzungen ermöglicht und so zur Fahrplanstabilität beiträgt. Im heutigen Fahrplankonzept finden die Kreuzungen der RegioExpress-Züge hauptsächlich in Thusis statt, doch müssen sie häufig wegen Verspätungen, die sich etwa durch das Abwarten von Anschlusszügen in Chur ergeben, auf die Strecke oder in die zweigleisige Station Sils i. D. (735 m ü. M.) verlegt werden, deren Anlagen auf 280 Meter Länge ausgebaut sind

Über den höchsten Viadukt der RhB

Bei der Weiterfahrt verdient das zauberhafte Hochzeitskirchlein von Sils die Aufmerksamkeit der Reisenden. Kurz nach der Station Solis (851 m), die zwei Bahnhofs- und zwei Abstellgleise aufweist und durch ihren gepflegten Blumenschmuck auffällt, folgt der 164 Meter lange und knapp 90 Meter hohe Soliser Viadukt, der die höchste Brücke der Rhätischen Bahn ist. Zusammen mit der schmalen historischen und einer modernen Straßenbrücke über die Albula stellt der gemauerte Viadukt ein hervorragendes Fotomotiv dar. Mit dem Viadukt wechselt die Strecke von der westlichen auf die östliche Talseite, und die folgende Schynschlucht ist derart eng, dass die Bahn zahlreiche Tunnel braucht, um die Felsvorsprünge zu durchfahren. Den Reisenden bietet sich immer wieder ein phantastischer Blick in die canyonartige Schlucht mit dem aufgestauten Wasser der Albula.

Der Bahnhof Tiefencastel (884 m) wurde von 1988 bis 1992 grundlegend modernisiert, was fast einem Neubau der Gleisanlagen gleichkam. Die Kreuzungslänge beträgt jetzt 340 Meter, und ein 300 Meter langer breiter Mittelperron steht gleichfalls zur Verfügung. Schlanke Weichen ermöglichen höhere Geschwindigkeiten und moderne Sicherungsanlagen automatische Kreuzungen. Mehrere Postauto-Linien erschließen die Region, denn Tiefencastel ist ein Knotenpunkt für den Straßenverkehr. Hier gabeln sich die (im Winter geschlossene) Albula-Passstraße und der ganzjährig befahrbare Julier-Pass, der seinen Namen nach dem römischen Feldherrn Gaius Julius Caesar erhielt und noch immer die wichtigste Straßenverbindung ins Engadin darstellt. Tiefencastel, das seit alters her den Verkehrsknotenpunkt beherrscht, wurde 1890 durch einen Großbrand zerstört und besitzt nur

wenige historische Gebäude. Überragendes Bauwerk ist die von 1650 bis 1652 erbaute barocke Stefanskirche, die die italienische Herkunft ihrer Baumeister verrät. Von der Straße nach Lenzerheide aus hat man immer wieder einen schönen Blick auf die Berge des Oberhalbstein, und die Region zwischen Stätzer Horn und Piz Scalottas (2.323 m) bietet ein weiträumiges Skigebiet an, das durch zahlreiche Liftanlagen erschlossen ist und dessen touristische Infrastruktur sich vor allem im Luftkurort Lenzerheide befindet.

Der malerische Heidsee zwischen Lenzerheide und Valbella, das mit einer 3.399 Meter langen Seilschwebebahn erschlossene Parpaner Rothorn (2.863 m) und Parpan mit der spätgotischen Kirche, deren Turm ein wenig abseits steht, sind interessante Ausflugsziele.

Oben:

„Glacier on Tour" ist die Werbebotschaft der Ge 4/4 III Nr. 651, die einen RegioExpress nach St. Moritz über den 89 Meter hohen und 164 Meter langen Soliser Viadukt führt, der die Schynschlucht überbrückt. Durch den Hauptbogen ist die moderne Straße Thusis—Tiefencastel sichtbar.

Links:

Eine Ge 4/4 I der Rhätischen Bahn »kämpft« sich mit einem Pendelzug durch die tief verschneite Winterlandschaft zwischen Sils und Solis.

Über den Landwasser-Viadukt: Tiefencastel–Filisur

Staunen und nochmals Staunen – die Reise geht wieder über abgrundtiefe Schluchten. Viadukte werden überquert – Brücken, die verbinden. Sie haben die Welt in die früher versteckten Täler gebracht, sie haben die Menschen hinaus in die Welt geschickt. Ohne Brücken wären die Berge noch jungfräulich, und ihre Schönheit bliebe verborgen.

Nach Tiefencastel steigt die Strecke weiter an, und die nächste kleine Station, Surava (939 m ü.M.), ist seit einiger Zeit für den Personenverkehr geschlossen und wird durch Postbusse bedient, die im Auftrage der RhB von Tiefencastel beziehungsweise Filisur aus verkehren.

Ansteigender Viadukt in einer Kurve

Allerdings weist Surava ein hohes Güteraufkommen auf, weil das dort ansässige Baustoffwerk seine Güter von der RhB transportieren lässt. Deshalb sind im Bahnhof auch ein Rangiertraktor und häufig Güterwagen zu finden. Die Schwefelquellen von Alvaneu waren einst berühmt, und bereits die Römer nutzten die heilende Wirkung dieses Wassers. Der zweigleisige Bahnhof gehört zu den kleineren nicht mehr bedienten Stationen der Albula-Linie.

Es folgen zwei markante Bauwerke, die nicht nur Eisenbahn-Freunde faszinieren: Etwas versteckt liegt der Schmittentobel-Viadukt, der aber immerhin eine Länge von 137 Metern und eine Höhe von 35 Metern aufweist. Weithin sichtbar hingegen ist der Landwasser-Viadukt, das Meisterstück des RhB-Oberingenieurs Bernasconi. Der 130 Meter lange und 65 Meter hohe, gemauerte Viadukt mit fünf Öffnungen liegt nämlich in einem 2-%-Gefälle und einem Bogen mit einem Radius von 100 Metern. Außerdem mündet er direkt in den 216 Meter langen Landwasser-Tunnel. Beeindruckend ist auch, dass die Tunnelöffnung in einer senkrecht abfallenden Felswand liegt. Das Mauerwerk des Landwasser-Viadukts, des größten Übergangs der RhB, umfasst 9.200

An einem schönen Sommertag zieht die Ge 6/6 II Nr. 707 den »Bernina-Express« von Alvaneu in Richtung Surava.

Kubikmeter. Trotzdem wurde das Bauwerk so gut in die wilde Landschaft eingebettet, dass man den Eindruck gewinnt, es habe dort schon immer gestanden. Die drei höchsten Pfeiler wurden übrigens ohne äußere Gerüste aufgemauert, doch mauerte man eiserne Türme ein, die jeweils ein Stück aus dem Mauerwerk herausragten und in die zwei Kranbrücken eingehängt waren, mit deren Hilfe das benötigte Baumaterial hochgezogen wurde.

Rund einen Kilometer nach diesem sensationellen Bauwerk fährt der Zug in Filisur (1.080 m) ein. Der Bahnhof hat im augenblicklichen Fahrplankonzept seine Bedeutung als Kreuzungspunkt für die Taktschnellzüge und als Umsteigestation in die Regionalzüge nach Davos Platz. Da die Aus-

weichlänge nur 256 m beträgt und die Gruppenausfahrsignale auch nicht mehr dem modernsten Stand entsprechen, ist mittelfristig ein Um- und Ausbau geplant. Dabei soll auch eine Doppelspurinsel bis zum unteren Portal des Greifenstein-Kehrtunnels entstehen. Von Filisur aus wird die Strecke Sils-Preda überwacht und ferngesteuert, doch soll diese Anlage nach Thusis verlagert werden. Neben der Ausfahrt nach Wiesen-Davos befindet sich im Bahnhofsbereich eine eingleisige Lokremise mit einer 15-Meter-Drehscheibe.

Anschluss nach Davos

Filisur, wo zur Zeit des Bahnbaus rund 300 italienische Arbeiter wohnten, ist ein typisches Straßendorf an der Albula-Passstraße, das sich aber

Es ist schon Herbst, als Ge 4/4 III Nr. 646 »Santa Maria Val Müstair« einen Zug über den Landwasser-Viadukt führt. 9.200 Kubikmeter Mauerwerk waren nötig, dass eine Bahnstrecke über das etwa 30 Kilometer lange Flüsschen Landwasser fahren konnte.

Oben links:

Der 1901 gebaute Landwasser-Viadukt verläuft in einem Kreisbogen mit einem Radius von 100 Metern. Seine Länge beträgt 130 Meter. Im Sommer 2009 wurde er für 4,6 Millionen Schweizer Franken saniert und erstrahlt wieder wie neu.

Oben rechts:

Immer neue Aspekte bietet der Landwasser-Viadukt. Diesmal ein Blick von oben aus einer Position über dem Portal des 216 Meter langen Landwasser-Tunnels.

Unten links:

Für sportlich ambitioniertere Zeitgenossen gehört eine Radtour entlang der Strecke des Glacier Express zu einem der vielen unvergleichlichen Erlebnisse rund um den Luxuszug.

Unten rechts:

Der Landwasser-Viadukt ist auch hier präsent. Lok Nr. 650 vom Typ Ge 4/4 III, Baujahr 1999, wirbt mit seinem Konterfei für das Welterbe Albula- und Berninabahn. Hier ist sie zwischen Tiefencastel und Surava unterwegs.

im Laufe der Zeit zum Bahnhof hin orientiert hat. Sehenswert sind einige ältere Häuser im Engadiner Stil, das Bergbaumuseum und die Pfarrkirche. Auf der Albula sind Wildwasserfahrten in Richtung Tiefencastel möglich, und man kann der Sportfischerei nachgehen. Auch Bergsteiger und -wanderer kommen in dieser Region auf ihre Kosten.

Die bereits erwähnte 20 km lange Verbindungsstrecke Filisur-Davos Platz ging am 1. Juli 1909 in Betrieb und besitzt die Zwischenstationen Wiesen, Monstein, Glaris, Frauenkirch sowie den Anschluss »Kieswerk Davos«. Sie umfasst 14 Tunnel mit einer Gesamtlänge von 4.200 Metern und 28 Viadukte, die zusammen 750 Meter lang sind. Das bedeutendste Bauwerk ist der 1908 fertig gestellte Wiesener Viadukt mit einer Länge von 210 Metern und einer Höhe von 88 Metern. Der Hauptbogen hat eine Weite von 55 Metern, die sechs kleineren Bögen messen jeweils 20 Meter. Für das Lehrgerüst des Hauptbogens brauchte man 494 Kubikmeter Kantholz, 24 Kubikmeter Schalholz und rund 15 Tonnen Profil-, Rund- und Bandeisen zur Befestigung.

Links:

Das Landwasser sprudelt unten, oben schwebt der Glacier Express über den berühmten Viadukt.

Rechts oben:

Es scheint fast, als spucke ihn der Fels aus. Doch der Zug kommt aus dem Landwasser-Tunnel und überquert den Landwasser-Viadukt..

Rechts unten:

Ge 4/4 II Nr. 618, deren Patin Bergün ist, mit einem Glacier Express am Haken im Bahnhof von Surava.

Abstecher nach Davos

Zwischen Davos und Filisur gibt es eine Schlucht zwischen zwei Tunneln. Eine kurze Brücke führt darüber – aber der Augenblick ist für die Reisenden zu kurz, und so bleibt dieses grandiose Naturschauspiel meist unentdeckt.

Zug Nummer 902 des Glacier Express fährt ab Zermatt nicht nach St. Moritz sondern er biegt in Filisur ins Davosertal ab. Sein Ziel ist der Nobelort Davos. In Gegenrichtung verkehrt der 911. Vor der Einführung des Bernina- und Winter-Panorama-Express gab es auf der Verbindungsstrecke Davos-Filisur nur Regionalverkehr. Doch der Streckenast steht auf der Kippe und soll eingestellt werden. Der „Unterschnitt" zwischen Filisur und Davos Platz kann mit einem gewaltigen Bauwerk aufwarten: dem 210 Meter langen und 88 Meter hohen Wiesener Viadukt.

Für einen Ausflug eignet sich aber auch die Strecke ab Chur durch das Rheintal und das Prättigau über Klosters nach Davos. Die nur eingleisig ausgebaute, etwas mehr als 14 Kilometer lange Strecke von Chur nach Landquart, die neben der SBB-Doppelspur verläuft und diese in Untervaz überquert, weist ein hohes Verkehrsaufkommen auf: S-Bahn-Züge Rhäzüns–Schiers und RE-Züge Disentis–Scuol–Taraps im Stundentakt, viele Güterzüge, sowie Leerfahrten von Loks und Wagengarnituren. Deshalb bestehen an allen Zwischenstationen günstige Kreuzungsmöglichkeiten.

In Landquart befindet sich das Betriebszentrum der RhB mit der Hauptwerkstätte, dem bekannten, halbrunden Lokdepot mit Drehscheibe, umfangreichen Abstell- und zum Teil dreischienigen Industriegleisen. Der Güterumschlag zwischen SBB und RhB findet dort statt, und es gibt eine Übergabeanlage für Rollschemel, die bis Küblis verkehren können. Bereits 1897 wurde ein Dreischienengleis zu einem RhB-Lagerhaus gebaut. Seit der Eröffnung des Vereina-Tunnels wenden die verpendelten RegioExpress-Züge Davos–Landquart im Bahnhof, während die RE-Züge aus Scuol-Taraps bis Disentis verlängert wurden.

Die Strecke führt in einem Bogen durch das Rheintal und am Weinbauerndorf Malans vorbei. Nachdem die Klus teils offen, teils in einem Tunnel durchfahren wurde, öffnet sich das Prättigau, dessen Name sich von »pratum«, »Wiese«, ableitet. Zwischen Schiers, dem Hauptort des unteren Prättigau mit Schnellzugstation, und Furna wurde die Strecke in den Siebzigerjahren begradigt und in den Fuchsenwinkel-Tunnel verlegt. Auf die Stationen Jenaz und Fideris, deren Anlagen für automatische Kreuzungen verlängert wurden, folgt Küblis, der Anfang der 4,5-%-Rampe nach Klosters/Davos und das Ende der mit zwölf Kilometern Länge und 2.000 Metern Höhendifferenz interessantesten Skiabfahrt Europas.

Über drei kleine Bahnhöfe geht es nach Klosters (1.191 m), ursprünglich ein Kopfbahnhof, der von 1929 bis 1932 wegen der fehlenden Erweiterungsmöglichkeiten und des aufwendigen Betriebs in

>> Davos, nicht erst seit Thomas Manns Roman »Der Zauberberg« weltbekannt, ist ein Kurort der Extraklasse. Die Wirtschaftsführer aus aller Welt wissen genau, warum sie sich hier treffen. Auch für Wintersportler ist Davos ein Eldorado. Gute Gründe also für einen Abstecher nach Davos. <<

einen Durchgangsbahnhof umgebaut wurde. Man erstellte eine neue Brücke über die Landquart und den Klosterser Tunnel als Verbindung zur alten Trasse. Beim Bahnhof befindet sich auch die Talstation der Luftseilbahn zum Gotschnagrat-Parsenn. Wegen der Vereina-Strecke erfuhr der Bahnhof in den Neunzigerjahren einen weiteren Umbau: Es entstand die zweigleisige Landquart-Brücke und der 2.160 Meter lange Zugwaldtunnel.

Er erschließt den neuen Bahnhof Klosters Selfranga, der über mehrere Abstellgleise und eine Halle für den Unterhalt der Autozugwagen verfügt und der Autoverladung durch den 19 Kilometer langen Vereina-Tunnel dient. Cavadürli ist durch seinen Kehrtunnel bekannt, und in Davos Platz (1.540 m) enden fast alle Züge. Neben fünf Bahnhofs- gibt es etliche Abstellgleise und eine vierständige Lokremise mit Drehscheibe.

Der grandiose Wiesener Viadukt zwischen Filisur und Davos wird vielleicht bald nur noch von Regionalzügen befahren. Der Davoser Zug des Glacier Express soll eingestellt werden.

Hinauf zum Albulapass: Filisur–Preda

>> Viermal überquert der Zug zwischen Bergün und Preda die Albula. In diesem »Irrgarten« erscheint die Landschaft immer wieder in einer neuen Perspektive. Und immer wieder fährt der Zug in einen Tunnel, fast verliert man dabei die Orientierung. Wer nach diesem »Rummel« etwas Frieden sucht, steigt in Preda aus und wandert zum bezaubernden Lai da Palpuogna am Albulapass hinauf. <<

Bald nach der Ausfahrt aus dem Bahnhof Filisur fährt der Zug an den Resten der Burg Greifenstein vorbei, die im 12. Jahrhundert gebaut, aber seit dem 16. Jahrhundert nicht mehr benutzt wurde.

Im Irrgarten der Kehrtunnels

An die große Schleife schließt sich der rund 700 Meter lange Greifenstein-Kehrtunnel an, bei dessen Bau ein Oberingenieur und fünf Arbeiter das Leben verloren, als das Tunnelgerüst einstürzte. Der Kehrtunnel dient der Streckenverlängerung um etwa 1.200 Meter, denn zwischen Filisur und Bergün muss ein Höhenunterschied von 350 Metern überwunden werden. Vom Zug aus, der an der östlichen Talseite entlangfährt, haben die Reisenden eine hervorragende Sicht auf das Albula-Tal mit dem wilden Gebirgsbach und die Berge in der Umgebung. Acht größere Brücken und 13 Tunnels befinden sich auf diesem 13 Kilometer langen Streckenabschnitt.

Da das Dörfchen Stuls/Stugl (1.277 m ü.M.) weit oberhalb des Bahnhofs liegt, hatte die zweigleisige Station von Anfang an mehr die Funktion einer Ausweichstelle, in der auch jahrelang die Plankreuzungen stattfanden, bevor sie nach Filisur verlegt wurden. In dem kleinen Bahnhof Bergün (romanisch: Bravuogn), der seit den Filmarbeiten zu einer Schweizer Fernsehserie auch den Filmnamen »Madruns« trägt, herrscht vor allem im Winter Hochbetrieb, wenn zu den Schnell-, Güter- und Autozügen noch die im Stundentakt verkehrenden Rodelzüge nach Preda kommen. Dann wird auf den drei Bahnhofsgleisen jeder Meter gebraucht, und man nimmt die Station aus der Fernsteuerung, um die Züge vom örtlichen Stellpult aus besser abfertigen zu können. Die drei Abstellgleise weisen zwei Besonderheiten auf: Mit dem einen Gleis wurde 1996 der aus der Eröffnungszeit stammende Lokschuppen wieder angeschlossen, in dem ein Stationstraktor seine Heimat fand, ein anderes Abstellgleis erschließt über eine Spitzkehre das Zeughaus der Armee. Zu Zeiten des Dampfbetriebes waren in Bergün Vorspann-Loks für die Strecke Filisur-Preda stationiert.

Rodelbahn, Straße oder Zug?

Während die direkte Strecke von Bergün nach Preda sechs Kilometer beträgt, windet sich die Bahnlinie an den Hängen entlang und gewinnt durch Kehrtunnels an Höhe, denn die Gleislänge muss zwölf Kilometer betragen, um den Höhenunterschied von 416 Metern bewältigen zu können. Das Befahren dieses Abschnitts ist schon im »normalen« Zug grandios, im sommerlichen »Railrider« mit offenen Aussichtswagen wird sie zum abenteuerlichen Erlebnis, und bei einer Wanderung auf dem Bahnlehrpfad, der mit informativen Tafeln ausgestattet ist, kann man sich das Ganze noch einmal aus der Entfernung ansehen, so dass die RhB zur »Spielzeugbahn« wird.

Auf dem 100 Meter langen und 40 Meter hohen Tischbach-Viadukt, der sich unterhalb der Chaneletta-Galerie befindet, stießen in der Silvesternacht 1927 zwei Züge mit den drei »Krokodil«-Lokomotiven Ge 6/6 I Nrn. 405, 406 und 407 zusammen, weil der talwärts fahrende, verspätete Schnellzug nicht in der Kreuzungsstation Mout den Gegenzug abgewartet hatte. Obwohl auch vier Wagen erheblich beschädigt wurden, gab es nur drei Verletzte. Um den Lawinenzug »Blais dla Chaneletta« zu zähmen, ließ die RhB in den Jahren 1901 bis 1907 500 Schutzmauern mit einer Gesamtlänge von 11 km bis zu einer Höhe von 2.300 Metern bauen. Außerdem wurde eine 117 Meter lange Schutzgalerie erstellt.

Muot (1.575 m) war von Anfang an eine unbesetzte Ausweichstelle, die bereits 1906 Tageslichtsignale mit Vollglaslinsen erhielt, während auf den anderen Stationen noch die Hippsche Wendescheibe als Abschlusssignal diente. Um keine Probleme bei den Kreuzungen zu haben, wurde die Kreuzungslänge der Gleise 1990/91 auf 308 m erweitert.

Nach Muot folgen drei weitere Kehrtunnel und mehrere Viadukte. In Preda am Nordportal des Albulatunnels (1.789 m) sind gemäß dem aktuellen Fahrplankonzept Kreuzungen der Taktschnellzüge vorgesehen. Um die Leistungsfähigkeit der Station zu erhöhen, wurde die Bahnhofseinfahrt ab Naz 1996/97 auf eine 550 Meter lange Doppelspur ausgebaut, und die beiden Kreuzungsgleise vor dem Empfangsgebäude haben eine Kreuzungslänge von 350 Metern. So werden auch Kreuzungen von jeweils zwei Doppelführungen möglich. Die Drehscheibe im bisherigen Ladegleis, die früher dem Wenden der Vorspann-Dampflokomotiven diente, wurde ausgebaut und an die Dampfbahn Furka-Bergstrecke abgegeben. Auch das dritte Bahnhofsgleis musste den Ausbauarbeiten weichen. Im Winter ist Preda Endpunkt der Rodelzüge, und wenn es die Schneeverhältnisse und der Zustand der als

Zwischen Muot und Preda bietet die Strecke eine Vielzahl spektakulärer Bauten, Kehrtunnels und steilen Rampen. Lok Ge 4/4 III Nr. 651, die für den Glacier Express wirbt, kann hier ein wenig verschnaufen.

Rodelbahn präparierten Passstraße zulassen, kann man sich im Bahnhof einen Holzschlitten mieten und in flotter Fahrt nach Bergün hinunterfahren.

Über die Albula-Passstraße erreicht man zu Fuß oder mit dem Auto den abseits liegenden, malerischen »Lai da Palpuogna« (1.918 m) und die in einer eher unwirtlichen Landschaft liegende Passhöhe.

Oben: Links: Idylle zwischen Bergün und Preda, rechts der Stulsertobel-Viadukt zwischen Filisur und Bergün.

Unten links: Die 1.776 kW starke sechsachsige GE 6/6 II war im Sommer 1988 bei Filisur unterwegs. Ab 1993 zieht sie den Glacier nicht mehr.

Unten rechts: Mit der Bahn zum Schlittenfahren. Von Preda kann man die verschneite Passstraße nach Bergün hinunterfahren.

Durch den Albulatunnel ins Engadin: Preda–St. Moritz

Es geht dem Ende entgegen. Jetzt wird man die Eindrücke des Tages sammeln, der Tunnel sorgt für eine kleine Pause. Doch dann wird es hell. Das Engadin ist erreicht. Auch das ist rätoromanisch und bedeutet: Tal des Inn. Hier liegt St. Moritz, der älteste Winterferienort der Welt, wo sich die Berühmten und Reichen treffen und wo der Glacier Express sein Ziel findet.

Unten:
Ins Val Bever gelangt man nicht nur zu Fuß und mit der Bahn, sondern auch mit dem Pferde-gespann.

Rechts:
Bald ist das Ziel erreicht. Der Glacier Express fährt durchs Val Bever.

In sechs Minuten durchfahren die RegioExpress-Züge den Albulatunnel, den höchstgelegenen Alpendurchstich Europas, der durchwegs eingleisig ist und unter schwierigsten Bedingungen erstellt wurde. Spinas, eine kleine zweigleisige Station (1.815 m ü.M.), liegt im Val Bever, einem Seitental des Engadin.

Auf einem Lawinendamm durchs Val Bever

Bei Bedarf halten in Spinas den Tag über einige RegioExpress-Züge. Auch der in Samedan beheimatete Rodelzug stoppt bei seiner Hin- beziehungsweise Rückfahrt von/nach Bergün in Spinas.

Das weitgehend naturbelassene, wilde Hochtal des Beverin, das sich sehr gut zum Wandern oder einer gemütlichen Kutschenfahrt eignet, ist von beiden Hangseiten stark lawinengefährdet, und so wurde die Strecke auf einem Damm angelegt, der aus dem Ausbruchmaterial des Albulatunnels besteht. Mit einem relativ engen Bogen biegt die Strecke in Bever (1.710 m) ins Engadin ein und stößt auf die Linie aus Scuol-Tarasp. Der recht umfangreiche Bahnhof, bei dem sich auch die Anlagen der Kraftwerke Brusio befinden, wird nur noch von den Regionalzügen bedient.

Bever war einst die wohlhabendste Gemeinde im Engadin, wovon noch immer die großen, reich verzierten Wohnhäuser der Handelsfamilien zeugen, die früher hier ansässig waren und ihren Wohlstand im Ausland erworben hatten.

Nach fünf Kilometern folgt der große Bahnhof Samedan (1.705 m), in dem die Strecke nach Pontresina abzweigt. Die Gleise 2–5 dienen den Reisezügen, wobei die Anschlüsse auf die Albula-Schnellzüge abgestimmt sind, und auf Gleis 1 verkehren die Autozüge von/nach Thusis im Winter sowie alle Extrazüge. Die Gleise 3 und 4 sind durch eine mittig angeordnete doppelte Gleisverbindung unterteilt, was das Umsteigen und das

>> Tief einatmen. Die Luft ist klar, rein und kühler als in Chur. Wir haben das Engadin erreicht, es riecht nach Ferien. Der Alltagsstress liegt hinter uns, und der Zug rollt zügig durch das lange Val Bever. An den Talflanken stehen lichte Lärchenwälder. «

Umstellen von direkten Wagen erheblich erleich-
tert. In der Regel verkehren die Albula-Schnellzüge ab Gleis 2, die Züge nach Pontresina ab
Gleis 3a und die nach Scuol ab 3b. In dem großen
Depot sind nicht nur die für die Albula- und
Engadiner Linie benötigten Streckenlokomotiven
beheimatet, sondern auch Oldtimer, darunter
zwei Krokodile und bis 1998 die Ge 2/4 Nr. 221,
die sich im Rangierdienst nützlich machte. Ein
großer Abstellbereich steht vor allem für Güterwagen zur Verfügung, zumal seit 1988 von Samedan aus das Gewerbegebiet Cho d'Punt bedient
wird. Letztmals wurden verschiedene Anlagen-
teile 1993/94 modernisiert, und seit der Eröffnung
des Vereina-Tunnels im November 1999 haben
sich Veränderungen bei den Zugläufen ergeben:
Die (verpendelten) Engadiner Regionalzüge verkehren neu nach Pontresina (statt St. Moritz) und
ersetzen die Pendelzüge Samedan–Pontresina,
außerdem gibt es tagsüber Regionalzüge von St.
Moritz nach Zuoz beziehungsweise S-chanf.

Samedan, der Engadiner Bezirkshauptort, ist
nicht nur für die Bahn ein Knotenpunkt, sondern
auch für die Straßenverbindungen, und die
Gemeinde besitzt in der Talebene des jungen Inn
den höchstgelegenen Flugplatz Europas. Da der
Ort auch gute Möglichkeiten für Sommer- wie
Winterferien erschließt, ist die entsprechende
Infrastruktur vorhanden. Besonders empfehlens-
wert erscheint ein Ausflug auf Muottas Muragl
(2.448 m), zumal sich die Talstation der 2.200
Meter langen Standseilbahn in unmittelbarer
Nähe des Haltepunktes Punt Muragl an der Linie
Samedan-Pontresina befindet. Die MMB verfügt
übrigens über die längste Bahnbrücke der
Schweiz (1.470 m mit 245 Öffnungen).

Die letzte Etappe auf der Fahrt mit dem Glacier
Express verläuft kurz am jungen Inn, der bei den

Fischern sehr beliebt ist, berührt den dreigleisigen Bahnhof Celerina (1.730 m), der seit dem Umbau über die mit 370 Metern längsten Kreuzungsgleise des Stammnetzes verfügt und in dem sämtliche Schnellzüge kurz halten, kreuzt die Naturbobbahn, die schon zweimal Olympische Spiele erlebt hat, durchquert die enge Innschlucht in zwei Tunneln und gelangt schließlich in den umfangreichen Bahnhof von St. Moritz-Dorf (1.775 m), der gemäß Bundesratbeschluss am See beziehungsweise in der Nähe des Innfalls liegt. Die Gemeinde hätte den Bahnhof lieber in St. Moritz-Bad am anderen See-Ende gehabt.

Links:
Bei Preda wurde der Glacier Express fotografiert.
Die herrliche Blumenwiese lädt zum Verweilen ein.

Oben:
Die Nordhänge von Celerina lagen bereits im Schatten, als der sonntägliche Erstklass-»Glacier«, der noch FO- und BVZ-Panoramawagen führte, im Engadin eintraf.

St. Moritz und die Oberengadiner Seen

Die Luft ist klar, rein und kalt. Kleine weiße Wölkchen bilden sich beim Sprechen, Atmen und Lachen vor dem Mund. Millionen Schneekristalle reflektieren die Sonne. Unten im Tal stehen die Häuser wie Spielzeug, das in der Nacht sogar beleuchtet ist. Mit der schönen blauen Bahn ist man im Nu in luftiger Höhe und genießt das atemberaubende Panorama von der Corviglia oder Muottas Muragl.

Dass der Bahnhof in St. Moritz nicht als End-, sondern als Durchgangsbahnhof für die (nicht gebaute) Strecke nach Maloja–Chiavenna geplant war, sieht man deutlich am Gleis, das den Bahnhof in Richtung St. Moritz-Bad verlässt, die Via Serlas auf einer Brücke überquert und dann am Hang mit einem Prellbock endet.

Mondäner Ferienort mit Traumkulisse

Heute besteht der Bahnhof aus zwei Teilen: Die Gleise 1–4, die mit Wechselstrom elektrifiziert sind, stehen den Albula- beziehungsweise Engadiner Zügen zur Verfügung, die mit Gleichstrom ausgerüsteten Gleise 5–6 sind den Zügen der Berninabahn vorbehalten. Zwischen den Teilen besteht eine fahrdrahtlose Weichenverbindung, die zur Übergabe des Bernina-Express genutzt wird. Die Berninabahn hat zwei Abstellbereiche, einen neben den Bahnhofsgleisen und einen kleineren in Richtung St. Moritz-Bad. Dort befindet sich ein großer Abstellbereich für die Stammnetz-Fahrzeuge, während sich die Freiverladung der Ortsgüteranlage beim Bahnhofskopf Seite Celerina befindet.

St. Moritz (romanisch: San Murezzan), einer der bekanntesten Kurorte und Wintersportplätze des Alpenraums, verdankt seinen außerordentlichen Ruf nicht nur dem milden, nebelfreien Klima, sondern auch der phantastischen Lage am Beginn der Oberengadiner Seenplatte. Schließlich kommen ausgezeichnete Freizeit-, Sport- und Erholungsmöglichkeiten im Winter wie Sommer hinzu. Der Ortsteil St. Moritz-Dorf wird von den mächtigen Hotelbauten beherrscht und dem Wahrzeichen des Dorfes, dem »Schiefen Turm«, dem Rest der im 19. Jahrhundert abgebrochenen Mauritiuskirche. Empfehlenswert ist ein Besuch des Segantini- und des Engadiner Heimat-Museums. St. Moritz-Bad liegt am südlichen Ende des St. Moritzer Sees, auf dessen zugefrorener Oberfläche im Winter Pferderennen stattfinden, und umfasst die eigentliche Kurzone beim Heilbad-Zentrum, das sich um die kohlensauren Eisenquellen gruppiert. Der dritte Ortsteil, Champfèr, befindet sich an der Straße nach Maloja.

Zweimal wurden in St. Moritz die Olympischen Winterspiele ausgetragen, außerdem mehrfach Bob- und Ski-Weltmeisterschaften; die nächsten

INFO

Als ältester Winterferienort der Welt bietet St. Moritz Urlaubsvergnügen der Extraklasse, die nicht unbedingt in einem der mondänen Luxushotels stattfinden müssen. Im Skigebiet St. Moritz–Corviglia–Corvatsch–Diavolezza gibt es 350 Kilometer schneesichere Abfahrten, die durch leistungsfähige Bahnen erschlossen werden und die nötige Infrastruktur besitzen. Aber auch der Sommertourist kommt mit herrlichen Wanderungen und Bergtouren auf seine Kosten.

Bob-Weltmeisterschaften finden 2013 statt. Die Natureis-Bobbahn, der sogenannte Cresta-Run, ist einzigartig auf der Welt. Weitere Wintersport-Ereignisse sind Skispringen, Curling, Cricket auf Schnee, Concours Hippique auf Schnee, Polo auf Schnee, internationale Windhunderennen im Schnee, Wintergolf und natürlich der berühmte Engadiner Skimarathon. Hervorragende Skigebiete werden durch zahlreiche Bahnen erschlossen, darunter die Linie St. Moritz– Chantarella–Corviglia–Piz Nair. Die Bahn besteht aus drei Sektionen – die beiden unteren sind Standseilbahnen, die letzte eine Luftseilbahn – und überwindet bei einer Fahrzeit von 21 Minuten und einer totalen Streckenlänge von 4.555 Metern einen Höhenunterschied von 1.247 Metern. Eine andere wichtige Bahnverbindung ist die Luftseilbahn St. Moritz-Bad–Signal, an die sich ein Sessellift anschließt. Natürlich können im Sommer

Wanderungen und Bergtouren in allen möglichen Schwierigkeitsgraden durchgeführt werden. Ein herrlicher Ausflug ist entlang der Seen bis Maloja möglich: Verschiedene Abschnitte kann man – je nach Kondition und Interesse – erwandern, dann den Regionalbus besteigen und sich in den nächsten Ort oder nach St. Moritz bringen lassen. Auf das bereits erwähnte Dorf Champfèr folgt der reizvolle See von Champfèr, anschließend Silvaplana, wo die Julier-Passstraße abzweigt. Eine eineinhalb Kilometer lange Zufahrt verbindet den Luftkur- und Wintersportort mit der Häusergruppe Surlej, wo die Luftseilbahn zum Corvatsch beginnt, die sich über die Umsteigestation Murtel (2.702 m) bis zum Murtelgrat, einem Vorgipfel des Piz Corvatsch (3.451 m) erstreckt. Dort hat man nicht nur einen herrlichen Ausblick, sondern es gibt auch ein kleines Sommerskigebiet. Auf den Silvaplaner See folgt der fünf Kilometer lange Sil-

Es hat bereits tief hinunter geschneit, die Blätter sind gefallen. Noch einmal spiegeln sich die Berge im See, bevor eine Eisschicht ihn zudeckt.

ser See mit dem gleichnamigen Dorf. Im Ortsteil Sils-Maria verbrachte Friedrich Nietzsche von 1881 bis 1888 die Sommermonate. Am oberen Ende des Silser Sees liegt Maloja, wo der Engadiner Künstler Giovanni Segantini (1858-99) begraben wurde. Von Maloja aus senkt sich die Passstraße in 13 engen Serpentinen in Richtung Casaccia und Landesgrenze, und es sind wieder wunderschöne Wanderungen möglich, zumal das Gebiet von Regionalbuslinien im Taktfahrplan erschlossen wird. Maloja ist der Ausgangspunkt des Skimarathons, der über die zugefrorenen Seen bis S-chanf führt. Am Südufer des Silser Sees liegt der malerische Weiler Isola (1.812 m), bei dem sich ein interessantes Schwemmland-Delta befindet. Hinter dem Dörfchen liegen das Val Fedoz und ein sehenswerter Wasserfall. Im Sommer verkehrt auf dem See die höchstgelegene Schifffahrtslinie Europas.

Links oben:

Blick vom Muottas Muragl auf die Bergstation der Standseilbahn und ins Tal.

Rechts oben:

Moderne Standseilbahn ins Skigebiet St. Moritz.

Links unten:

Gh 4/4 III Nr. 651 mit Glacier-Werbung.

UNESCO-Welterbe:

Der Bernina-Express

Eintauchen in die Engadiner Natur — die klare Luft spüren, Aktivitäten selbst bestimmen. Vielleicht dem kleinen Waldweg entlangspazieren, am Bach sitzen, den Zug beobachten. Es gibt so vieles hier, und viele kommen immer wieder hierher.

Seit 2000 wurden für den Bernina-Express 26 Panoramawagen der Typen Ap (Wagen 1. Klasse), Api (Wagen 1. Klasse mit behindertengerechter Toilette), Bp (Wagen 2. Klasse) sowie Bps (Wagen 2. Klasse mit Abteil für die Minibar) abgeliefert. Daraus hat die RhB vier 6-Wagen-Garnituren gebildet (mit jeweils zwei Ap(i) und vier Bp(s)), welche im Sommer die Relationen Chur – Pontresina – Tirano (ein Zugpaar), Davos – Pontresina – Tirano (ein Zugpaar) und St. Moritz – Tirano (drei Zugpaare täglich) als zugschlagpflichtige Züge bedienen. Mit den neuen ALLEGRA-Triebwagen ABe 8/12 stehen seit 2010 leistungsfähige Maschinen zur Verfügung.

Viel Betrieb im Bahnhof Pontresina

Gleich nach der Ausfahrt überquert die Bernina-Bahn (BB) die Straße und den Inn und verschwindet in einem Tunnel.

Pontresina (1.774 m ü.M.) ist der Betriebsmittelpunkt der BB nördlich des Passes mit einer großen Depot-Werkstätte, in der neben den Triebwagen auch Schneeschleudern, als Reserve sogar die letzte Dampfschneeschleuder untergebracht sind. Die früher vorhandene Drehscheibe wurde an die Dampfbahn Furka-Bergstrecke abgegeben. Eine Besonderheit des Bahnhofs, in dem sich das mit Wechselstrom elektrifizierte Stammnetz und die mit Gleichstrom betriebene BB treffen, ist das

Bahnhofsgleis 3, das wahlweise unter Gleich- oder Wechselstrom gesetzt werden kann. Sondersignale mit einer roten »11« oder einem weißen »=« zeigen die Stromart an. So lassen sich die direkten Express-Züge, Chur/Davos-Tirano schnell übergeben.

Beim Bahnhof befindet sich auch die Haltestelle der Pferdekutschen ins Val Rosegg, ein lohnender Ausflug! Nach einem kurzen Anstieg verläuft die Linie im relativ breiten und flachen Berninatal. Auf die dreigleisige Station Morteratsch (1.896 m) folgen enge Kurven, und in der Montebello-Kehre hat man einen fantastischen Blick auf die Berninagruppe mit dem Morteratsch-Gletscher. Bernina Suot (2.046 m) wurde 1991–93 ausgebaut, dort befindet sich ein lawinensicheres Depot mit überdachter Drehscheibe für eine Schneeschleuder. In Bernina-Diavolezza und -Lagalb gibt es leistungsfähige Luftseilbahnen zu hervorragenden Ski- und Wandergebieten am Fuße des Berninamassivs. Zwischen dem Lej Nair und dem Lago Bianco auf der Passhöhe befindet sich die »Wasserscheide Adriatisches/Schwarzes Meer«, wie ein Schild mitteilt.

Abstieg ins Puschlav

Ospizio Bernina (2.253 m) ist der Scheitelpunkt der Strecke und die höchstgelegene RhB-Station. In dem dreigleisigen Bahnhof, der ebenfalls über ein lawinensicheres Depot mit Drehscheibe verfügt, rangiert der aus der Gründungszeit stammende Gepäcktriebwagen De 2/2 Nr. 151. Bis Alp Grüm (2.091 m), einem beliebten Ausflugsziel, waren für den wintersicheren Betrieb etliche Kunstbauten nötig.

Der folgende Abstieg ins Puschlav ist landschaftlich wie betriebstechnisch grandios mit mehreren

>> Nein, nein – die Reise ist noch nicht zu Ende, sie fängt hier erst an. Wer keine Zeit zum Sehen und Entdecken hat, ist leider selber schuld. Mit dem »Bernina-Express« geht die Reise weiter, bis hinauf zum flaschengrünen Lago Bianco und den gleißenden Gletschern. Und dann, ganz plötzlich, mitten durch den wohl verrücktesten Viadukt der Welt, zu den Palmen im Veltlin. <<

engen Serpentinen und einem Gefälle bis 7 %. Stablini (1.936 m) wurde wieder zum Kreuzungspunkt ausgebaut, um den Fahrplan zu stabilisieren; zwischen den Ausweichstationen Cavaglia (1.692 m) und Cadera (1.383 m) befinden sich nochmals Serpentinen. Poschiavo (1.014 m), der Hauptort des Puschlav und Betriebsmittelpunkt südlich des Passes, ist ein größerer Bahnhof mit Depot-Werkstätte. Der sehenswerte Ort und der schöne See laden zum Verweilen und Wandern ein. In San Antonio und Le Prese wird die BB zur unfallträchtigen Straßenbahn, in Miralago (965 m) am südlichen Ende des Lago di Poschiavo beginnt ein weiterer Abstieg mit einem 7-%-Gefälle, in dem nach Brusio (780 m) der berühmte Kreisviadukt liegt. Campocologno (553 m), des-

sen Güter- und Umladeanlagen 1998 erweitert wurden, ist der letzte Bahnhof vor der Landesgrenze, wo die Strecke früher mit einem Tor verschlossen wurde. In Tirano (429 m) fährt die BB als Straßenbahn an der berühmten Wallfahrtskirche Madonna di Tirano vorbei und in den Kopfbahnhof ein, der sich neben den Anlagen der FS befindet und in den letzten Jahren modernisiert wurde.

Obwohl die Strecke des Bernina-Express kürzer ist als die des Glacier Express, braucht sie hinsichtlich der Faszination den Vergleich nicht zu scheuen und wurde zu Recht am 7. Juli 2008 gemeinsam mit der Albulabahn zum Weltkulturerbe der Unesco erhoben.

Folgende Doppelseite: Drei der vielen Höhepunkte der Berninabahn: links oben der berühmte Kreisviadukt von Brusio, darunter die Wildwestbrücke auf der Alp Bondo und rechts der Lago Bianco auf der Passhöhe.

Auch im Winter sind bei Fahrten mit dem Bernina-Express nicht viele Plätze frei.

Triebfahrzeuge und Wagen
Elektroloks und Triebwagen

Rhätische Bahn (RhB) und Matterhorn Gotthard Bahn, die den Glacier Express gemeinsam betreiben, haben sich immer darum bemüht, für diesen Luxuszug ihr modernstes Rollmaterial zur Verfügung. Als das Produkt »Glacier Express« in den Achtzigerjahren durch gezieltes Marketing zu »boomen« begann, erfuhr auch das Rollmaterial eine grundlegende Modernisierung: Panorama-Wagen wurden zu einem Markenzeichen. Die älteren Loks erhielten moderne, leistungsfähigere »Geschwister«, und jeder Glacier-Express-Zug führt mindestens auf einer Teilstrecke einen Speisewagen mit, so dass im Sommer alle regulären Speisewagen der RhB in den Luxuszügen im Einsatz stehen. Ab Sommer 2000 wurde auch wieder die Tradition der Salonwagen aufgenommen, da der »Alpine Classic Pullman Express« zwei Salonwagen aus den Dreißigerjahren mitführt. Dieser Zug verkehrt nur an ausgewählten Terminen und führt als Speisewagen einen der »Gourmino« -Oldtimer mit.

Neben den Wagen, die anschließend beschrieben werden, kommen von allen drei Bahnen die sogenannten »Einheitswagen« zum Einsatz. Dabei handelt es sich sowohl um Fahrzeuge 1. als auch 2. Klasse, die modernisiert und den Bedürfnissen der Kunden angepasst wurden. Aus dem Fuhrpark der FO sind noch die AB 4171–72 erwähnenswert, die die FO Ende der Achtzigerjahre für den Glacier Express anschaffte, und zwar als Kurswagen Zermatt–Davos (im Sommer). Im Winter verkehrten sie werktags als Kurswagen St. Moritz–Reichenau–Zermatt. Seit dem Erscheinen der zweiten Generation von Panoramawagen sind sie aus dem Glacier Express verschwunden. Auch die BR 4293–96 sind interessant, die Mitte der Neunzigerjahre aus den A 4063–66 entstanden und mit ihren großen Tischen als »Beistell-Speisewagen« für »Essen am Sitzplatz« eingesetzt werden. Seit 2006 verkehren die Panorama-Garnituren des »Premium Glacier Express«.

Ge 6/6 I RhB

Wer bewundert sie nicht, die legendären »Krokodile« der RhB? Von den ursprünglich 15 Ge 6/6 Nr. 401–15 sind zwei noch einsatzfähig: 414 und 415. Drei stehen in Museen und 407 als Denkmal in Bergün. Die Loks mit der Achsfolge C'C' erbringen eine Leistung von 882 kW (1.200 PS) bei einer Höchstgeschwindigkeit von 55 km/h. Heute kommen die Veteranen, die vor allem auf der Albula-Strecke anzutreffen waren, vor speziellen Zügen, so dem »Alpine Classic Pullman Express« zum Einsatz.

HGe 4/4 I exBVZ

Anlässlich der Elektrifizierung kamen 1929/30 die »Krokodil«-Lokomotiven HGe 4/4 I Nr. 11–15 in Betrieb, von denen heute nur noch Nr. 15 vor Nostalgiezügen eingesetzt wird.Die vier anderen wurden ab 1992 verschrottet. Die Dauerleistung beträgt 680 kW (920 PS), die Höchstgeschwindigkeit 45/25 km/h (Adhäsion/Zahnstange). Bei einer Steigung von 12,5 % können sie 80 t schleppen. Sie waren jahrzehntelang das Zugpferd des Glacier Express.

HGe 4/4 I exFO

Für den elektrischen Betrieb beschaffte die FO von 1940 bis 1948 und 1956 die 991 kW (1.240 PS) starken HGe 4/4 Nr. 31–37, die jahrelang die »typische« Glacier-Express-Lok waren. Die Höchstgeschwindigkeit beträgt 55/30 km/h (Adhäsion/Zahnstange).Von den sechs vorhandenen Maschinen sind nur noch die Nummern 32, 33 und 36 erhalten.

Ge 4/4 I RhB

1947 beziehungsweise 1953 erschienen die Ge 4/4 I Nr. 601–610 als erste laufachslose Loks der RhB und lösten die „Krokodile" beim Glacier Express ab. Die Leistung betrug 1.184 kW (1.600 PS) und die Höchstgeschwindigkeit 80 km/h. 1986–92 erfuhren alle Maschinen eine grundlegende Modernisierung, die auch den Umbau der Führerstände einschloss. Seither sind sie mit teilweise verpendelten Zügen im Regionalverkehr anzutreffen. Die drei Exemplare 603, 605 und 610 sind noch in Betrieb, die meisten wurden verschrottet. 603 soll zum Bahnpark Augsburg kommen.

Ge 6/6 II RhB

Um noch leistungsfähigere Lokomotiven zu besitzen, beschaffte die Rhätische Bahn (RhB) 1958 und 1965 sieben Loks des Typs Ge 6/6 II Nr. 701–707 mit einem geteilten Lokomotivkasten und drei gekuppelten zweiachsigen Drehgestellen. Die Leistung beträgt 1.776 kW (2.400 PS) bei einer maximalen Geschwindigkeit von 80 km/h. Die Universallokomotiven kamen vor allem im schweren Dienst auf der Albula-Strecke – so auch mit Glacier Express – bis 1993 zum Einsatz.

Ge 4/4 II RhB

1973 nahm die RhB die Ge 4/4 II Nr. 611–620, 1984 die 621–633 in Betrieb, deren Höchstgeschwindigkeit 90 km/h beträgt. Bei einem Gewicht von 50 t erbringen die Universalmaschinen, die auf dem ganzen Stammnetz einschließlich der umelektrifizierten Chur–Arosa-Bahn eingesetzt werden, eine Leistung von 1.700 kW (2.300 PS). Auch dem Glacier Express dienten sie auf seiner ganzen RhB-Strecke.

HGe 4/4 II exFO

In drei Serien erhielt die ehemalige Furka–Oberalp-Bahn (FO) von 1985 bis 1990 die HGe 4/4 II Nr. 101–108, die eine Leistung von 1.932 kW (2.630 PS) und eine Höchstgeschwindigkeit von 90/35 km/h (Adhäsion/Zahnrad) erbringen. Eine Besonderheit besteht darin, dass bei der Talfahrt auf Zahnstangenabschnitten die Anhängelast durch Pufferdruck gemessen und die Zahnräder selektiv eingesetzt werden. Im Sommer fand man die Loks vor allem im Glacier Express, im Winter sind sie bei Autozügen (auch als Reserve für den Basistunnel) und auf der Oberalpstrecke anzutreffen.

HGe 4/4 II BVZ

Als Anschlussbestellung zu den entsprechenden Maschinen der FO und SBB-Brünigbahn beschaffte die BVZ-Zermattbahn 1990 die HGe 4/4 II Nr. 1–5, die – anders als bei der FO – auch im Pendelzug-Betrieb eingesetzt werden können. Die Universallokomotiven erbringen eine Dauerleistung von 1.932 kW (2.630 PS) und eine Höchstgeschwindigkeit von 90/35 km/h (Adhäsion/Zahnstange). Sie können eine Anhängelast von 130 Tonnen bei einer Maximalsteigung von 12,5 % befördern.

Ge 4/4 III RhB

Vor allem wegen der steigenden Traktionsleistungen, die die Eröffnung des Vereina-Tunnels mit sich bringen würde, beschaffte die RhB Ende der Achtziger die Loks der Baureihe Ge 4/4 III Nr. 641–649, zu denen sich als Nachbestellung 1999 die Nrn. 650–52 gesellten. Die Maschinen mit einer Leistung von 2.400 kW (3.265 PS) und einer Höchstgeschwindigkeit von 100 km/h sind auf dem ganzen Stammnetz anzutreffen und führen auch die Glacier-Express-Züge. Damit verdrängten sie die Loks Ge 6/6 II weitgehend aus diesem Dienst.

ABe 8/12 RhB »Allegra«

Für steile Strecken wie die Arosabahn, die Berninabahn, und die Prättigaustrecke Landquart–Davos beschaffte dei RhB 2010 von Stadler 15 dreiteilige Triebwagenzüge, die den Beinamen »Allegra« bekamen. Sie sind mit den FLIRT-Modellen verwandt. Die Stundenleistung beträgt auf Gleichstromstrecken wie der Berninabahn 2.400 kW unter Wechselstrom 2.800 kW. In der 1. Klasse finden 24, in der 2. Klasse 90 Passagiere einen Sitzplatz. Allegras bedienen auch den Bernina-Express mit angehängten Panoramawagen.

Die aktuell planmäßig eingesetzten Wagen des Glacier Express

Ap/Api/Bp »Premium«

Um den Komfort spürbar zu erhöhen, stellen RhB und MGB 2006 gemeinsam vier Panoramawagen Api (17,1 t, 28 Plätze 1. Klasse, behindertengerechte Toilette), vier Ap (17,1 t, 36 Plätze 1. Klasse) und zwölf Panoramawagen Bp (48 Plätze 2. Klasse) in Dienst. Diese 90 km/h schnellen Fahrzeuge verkehren – zusammen mit einem Servicewagen WRp – in der Regel in Sechs-Wagen-Garnituren mit fester Reihung. Sie verfügen über luftgefederte Drehgestelle, und jeder Wagen hat in jeweils einem Drehgestell ein Zahnrad. 2009 kamen noch zwei Ap und vier Bp hinzu, so dass sechs gleiche Garnituren gebildet werden können.

WRp »Premium«

In ihrem äußeren Erscheinungsbild unterscheiden sich die vier Servicewagen, welche RhB und MGB gemeinsam 2006 beschafften, wesentlich von den übrigen Fahrzeugen des Premium Glacier Express, denn sie sind rot lackiert, tragen die weiße Anschrift »Glacier Express« sowie das Emblem. Sie bringen 20,9 t auf die Schienen, besitzen eine Stehbar und einen hochmodernen Küchenbereich mit der gesamten Infrastruktur, die für »Essen am Platz« benötigt wird. Aufgrund des hohen Gewichtes wurde auf ein Bremszahnrad verzichtet. 2009 kamen zwei Fahrzeuge gleicher Bauart hinzu.

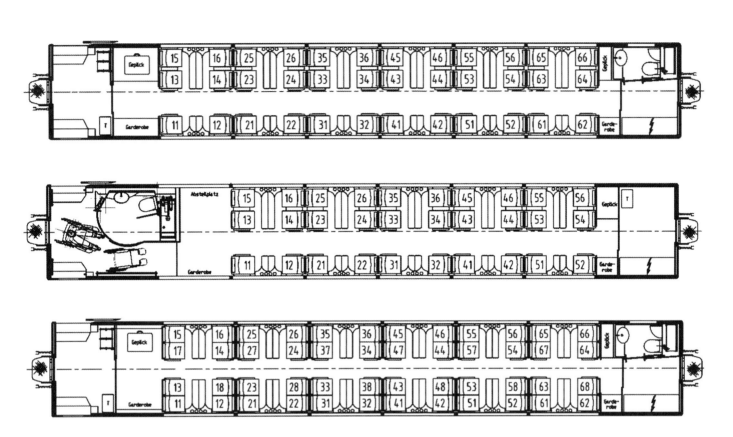

Von oben nach unten: Sitzplatzspiegel Panoramawagen 1. Klasse (Ap) . Panoramawagen 1. Klasse rollstuhlgängig (Api), Panoramawagen 2. Klasse (Bp)

WR 3810–3812 RhB

Die 1929/30 für die Albula-Strecke beschafften Speisewagen WR 3810–12 waren bis 1949 Eigentum der MITROPA und gingen danach in den Besitz der RhB über. Die mehrfach umgebauten, 25/24 t schweren Fahrzeuge bieten 34/36 Sitzplätze an. Der Innenraum wurde nostalgisch gestaltet, und das Äußere mit der königsblauen Farbgebung sticht in der Zugkomposition heraus. Zwei Wagen sind im Sommer mit dem Glacier Express unterwegs, und ein Wagen wird dem »Alpine Classic Pullman Express« beigestellt.

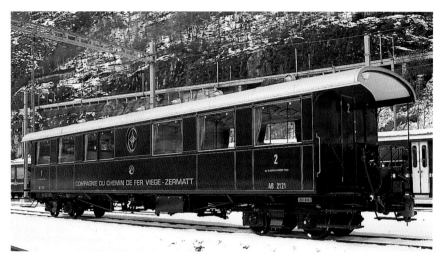

AB 2121 BVZ

Ab 1902 beschaffte die BVZ sechs Wagen B4 Nr. 13–18, die wegen ihrer soliden Ausstattung ab 1930 im Glacier Express zum Einsatz kamen. Ab 1935 wurden sie in die dreiklassigen ABC4 Nrn. 26–29 umgebaut und später in die Wagen AB 2121–25 und B 2226 umbenannt. Nach weiteren Umbauten erfolgte ab 1966 der Abbruch, und es blieb nur der AB 2121 übrig, der Mitte der Neunzigerjahre liebevoll restauriert, mit modernen Serviceanlagen ausgestattet wurde und die Bezeichnung »Premier Glacier Express 1930« erhielt.

As 1141–1144 RhB

1939 übernahm die Rhätische-Bahn (RhB) von der Montreux–Oberland Bernois-Bahn (MOB) vier Salonwagen, die seit 1964 die Bezeichnung As Nr. 1141–44 tragen. Die 20 Tonnen schweren Fahrzeuge bieten 32 Fahrgästen Platz, und zwar in einem schönen und gediegenen Ambiente. Seit einer gründlichen Restaurierung sind zwei Wagen mit einem Bremszahnrad ausgestattet, so dass sie zusammen mit dem farblich angepassten Gepäckwagen D2 Nr. 4062 auch auf den Zahnstangenabschnitten als »Alpine Classic Pullman Express« verkehren können.

AS exBVZ/exFO

1992/93 beschaffte die FO zehn, die BVZ vier Panoramawagen mit 48 Plätzen 1. Klasse, die vom italienischen Designer Pininfarina entworfen und von Breda gebaut wurden. Nach Erscheinen der Premium-Garnituren wurden die Fahrzeuge innen und außen modernisiert und im Aussehen angepasst. Die vier Wagen der ehemaligen BVZ sind nun Api, von den zehn FO-Wagen wurden 2008 vier als Bp an die RhB verkauft, die übrigen sind als Wagen 2. Klasse (Bp) im Einsatz. Seit 2009 verkehren sie vor allem auf der Strecke Davos–Zermatt.

Ebenfalls erhältlich ...

ISBN 978-3-7654-7072-1

Kein Land hat den Eisenbahnpionieren buchstäblich mehr Steine in den Weg gelegt als die Schweiz. Doch die ließen sich nicht entmutigen und verwandelten die wilden Gebirgslandschaften zum Bahnland Nummer 1 in Europa. Der einzigartige Bildband verführt zu einer Reise durch mehr als 100 Jahre Schweizer Bahngeschichte. Anregende Texte stellen die legendären Loks, Strecken und Bauvorhaben der Schweizer Bundesbahnen vor, brillante Bilder zeigen Züge aus allen Epochen. Ein Highlight für alle Eisenbahnfans!

www.geramond.de

Bereits erschienen ...

ISBN 978-3-7654-7162-9

ISBN 978-3-86245-124-1

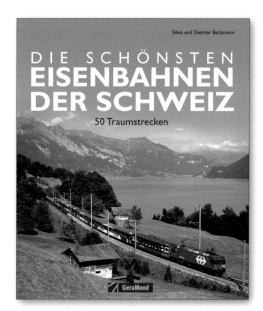

ISBN 978-3-7654-7299-2

GeraMond

www.geramond.de